A CIDADE E A ALMA REINVENTADAS

A história da psicologia como signo e vetor da modernização urbana

COLEÇÃO HISTÓRIA DA PSICOLOGIA NO BRASIL

DENIS BARROS DE CARVALHO

A CIDADE E A ALMA REINVENTADAS

A história da psicologia
como signo e vetor
da modernização urbana

Casa do Psicólogo®

© 2010 Casapsi Livraria e Editora Ltda.
É proibida a reprodução total ou parcial desta publicação, para qualquer finalidade, sem autorização por escrito dos editores.

1ª Edição
2010

Editores
Ingo Bernd Güntert e Juliana de Villemor A. Güntert

Assistente Editorial
Aparecida Ferraz da Silva

Capa
Sergio Gzeschenik

Projeto Gráfico & Editoração Eletrônica
Sergio Gzeschenik

Produção Gráfica
Fabio Alves Melo

Preparação e Revisão de Original
Flavia Okumura Bortolon

Revisão Final
Lucas Torrisi Gomediano

Dados Internacionais de Catalogação na Publicação (CIP)
(Câmara Brasileira do Livro, SP, Brasil)

Carvalho, Denis Barros de
   A cidade e a alma reinventadas : a história da psicologia como signo e vetor da modernização urbana / Denis Barros de Carvalho. -- 1. ed. -- São Paulo : Casa do Psicólogo®, 2010. -- (Coleção história da psicologia no Brasil)

   Bibliografia.
   ISBN 978-85-62553-15-8

   1. Cidades 2. Estudos culturais 3. Psicologia - História - Brasil 4. Psicologia - História - Natal (RN) 5. Psicologia social 6. Psicólogos - Formação profissional - Natal (RN) 7. Urbanização I. Título. II. Série.

10-04138   CDD-302

Índices para catálogo sistemático:
1. Modernização urbana e a inserção da psicologia : Estudos culturais : Psicologia social 302

Impresso no Brasil
Printed in Brazil

Reservados todos os direitos de publicação em língua portuguesa à

Casapsi Livraria e Editora Ltda.
Rua Santo Antônio, 1010
Jardim México • CEP 13253-400
Itatiba/SP - Brasil
Tel. Fax: (11) 4524-6997
www.casadopsicologo.com.br

Sumário

Apresentação do Conselho Federal de Psicologia 7
Humberto Verona

Apresentação da Coleção.. 9
Regina Helena de Freitas Campos

Prefácio: Uma disciplina urbana – a Psicologia e a Cidade............... 13
Ana Maria Jacó-Vilela

A inserção da psicologia e a modernização urbana: algumas
reflexões acerca da experiência brasileira... 17

    1 A construção do futuro: modernização urbana e a inserção
       da psicologia em Natal.. 23

       a) A invenção de uma cidade moderna: a reforma do espaço
          urbano de Natal na República Velha 27

       b) A transformação cultural da cidade de Natal na Primeira
          República: A *belle époque* potiguar..................................... 31

       c) As reformas educacionais e a inserção escolar do discurso
          psicológico: o ensino da psicologia no Atheneu
          Norte-rio-grandense, na Escola Normal de Natal
          e na Escola Doméstica 49

2 Os males do presente: crise social e o discurso psicológico na cidade de Natal após a Segunda Guerra Mundial.............. 61

   a) Da higiene da cidade à higiene da alma: a consolidação do poder médico na organização da cidade e da subjetividade em Natal.. 62

   b) O "mal-estar" na urbanização: a crise social e o surgimento da cultura psicológica em Natal..................... 76

   c) Ação católica, serviço social e a crise urbana: a "psicologização" dos problemas sociais na capital potiguar.. 99

Considerações finais.. 117

Referências 119

Apresentação do Conselho Federal de Psicologia

A atenção ao resgate da história da Psicologia no Brasil tem sido uma marca da atuação dos nossos conselhos profissionais ao longo da última década. De fato, o Plano Estratégico estabelecido pelo Conselho Federal de Psicologia em 1997 apontou esse tema como elemento fundamental para as ações de fortalecimento da profissão dos psicólogos no país.

Nesse período, foi realizada extensa gama de atividades voltadas ao estabelecimento de referências claras para a compreensão do processo de surgimento tanto da profissão quanto do pensamento psicológico no Brasil. Dezenas de livros e gravações em vídeo foram realizadas com recursos dos profissionais de Psicologia. Dentre essas dezenas de livros, encontra-se a série da qual este volume faz parte.

Nunca antes o tema da história da Psicologia recebeu tanta atenção dentro e fora da academia. Os conselhos deram contribuição inestimável para o resgate da memória da Psicologia no território nacional. As publicações do projeto Memória da Psicologia Brasileira vêm buscando o objetivo de permitir aos profissionais da área o reconhecimento da longevidade da construção da Psicologia e a tomada de consciência sobre o processo histórico de seu surgimento.

Produzir e tornar disponível material histórico é essencial para que os profissionais tenham elementos para situar sua atuação no tempo, identificar soluções já testadas para problemas que ainda existem e contextualizar os desafios que enfrentam no dia a dia, logrando produzir respostas cada vez mais qualificadas às demandas profissionais e acadêmicas.

Passados 13 anos desde o início deste trabalho, temos a felicidade de anunciar que, no momento de lançamento desta obra, estamos iniciando a comemoração do cinquentenário da Psicologia Brasileira. Essa é a perspectiva estabelecida pelo Conselho Federal para orientar suas ações nos temas relacionados à memória da Psicologia até o ano de 2012, quando se completam cinquenta anos da Lei 4.119, de 27 de agosto de 1962, que regulamentou a profissão no Brasil.

Humberto Verona
Presidente do Conselho Federal de Psicologia

Apresentação da Coleção

A coleção "Histórias da Psicologia no Brasil" é uma iniciativa do projeto Memória da Psicologia Brasileira do Conselho Federal de Psicologia, em associação com o Grupo de Trabalho em História da Psicologia da Associação Nacional de Pesquisa e Pós-graduação em Psicologia (ANPEPP). O objetivo da coleção é tornar disponíveis trabalhos que abordam diferentes aspectos e tendências da Psicologia brasileira, apresentados recentemente à comunidade de estudiosos da história de nossa área de estudo e pesquisa, na forma de teses e dissertações de pós-graduação. A adaptação desses textos acadêmicos para o público mais amplo, na forma de textos introdutórios curtos e objetivos, certamente poderá contribuir para ampliar o conhecimento sobre a Psicologia brasileira, em perspectiva histórica, nos diversos cursos de graduação na área.

O Conselho Federal de Psicologia tem apoiado já há alguns anos a divulgação dos estudos cada vez mais numerosos sobre a história da Psicologia no Brasil. O projeto Memória da Psicologia Brasileira tem por finalidade justamente contribuir para resgatar e ampliar o conhecimento sobre a evolução histórica da área da Psicologia no Brasil, em seus aspectos de produção intelectual, científica, institucional e profissional. A profissão do psicólogo foi recentemente regulamentada no país – a legislação de regulamentação profissional data de 1962. A própria criação do Conselho – órgão encarregado de velar pela organização do exercício profissional e que congrega todos os psicólogos brasileiros – é ainda mais recente, datando de 1972. No entanto, a produção intelectual relacionada a essa área de conhecimento é bem mais antiga, acompanhando a história da nossa cultura e de nossa sociedade.

O relativo desconhecimento sobre a formação histórica desse campo importante de reflexão sobre o humano em suas diversas manifestações e transformações levou à institucionalização do projeto, apresentado inicialmente no XI Plenário (1999-2001) e assumido com entusiasmo pelas gestões posteriores. O apoio do Conselho tem sido imprescindível para ampliar a pesquisa sobre o desenvolvimento da Psicologia como área de conhecimento e como profissão no Brasil, e para colocar à disposição de estudantes e profissionais um conjunto precioso de informações sobre personagens e fontes que fizeram parte do processo de construção da área entre nós. No âmbito do projeto Memória, foi editado o *Dicionário biográfico da Psicologia no Brasil* (Rio de Janeiro: Imago/Conselho Federal de Psicologia, 2001). Foram também instituídas as Coleções *Clássicos da Psicologia Brasileira* e *Pioneiros da Psicologia no Brasil*, com a finalidade de reeditar textos hoje considerados clássicos por sua contribuição importante e original no desenvolvimento do campo, e de divulgar os estudos aprofundados sobre as obras de personagens que, por seu trabalho intelectual e por suas iniciativas, colaboraram na ampliação e no desenvolvimento das instituições e práticas profissionais na área. A nova coleção *Histórias da Psicologia no Brasil* vem completar o quadro de referências sobre nossa história, contemplando estudos sobre conceitos e movimentos importantes na formação da Psicologia no Brasil.

O projeto Memória tem contado, desde o seu início, com a colaboração do Grupo de Trabalho em História da Psicologia da Associação Nacional de Pesquisa e Pós-graduação em Psicologia, cujos membros, estudiosos da história da Psicologia em diversas universidades brasileiras, são responsáveis pela pesquisa, seleção e comentários dos títulos e volumes editados. A associação entre o CFP e a ANPEPP tem contribuído para tornar real o sonho de trazer para o presente o conhecimento de nossa história, fortalecendo e aprofundando nossos laços com o passado e ampliando nossa capacidade crítica e produtiva na área de Psicologia. Trata-se de ampliar, entre os psicólogos e também para o público geral, o conhecimento sobre a evolução dessa área científica e profissional entre nós, visando não só compreender a formação e tendências já consolidadas da Psicologia, como também contribuir para tornar mais sólido o conhecimento atualmente produzido.

Regina Helena de Freitas Campos
Conselheira convidada do XIII Plenário
do Conselho Federal de Psicologia
Coordenadora do projeto Memória
da Psicologia Brasileira entre 2005 e 2007.

Prefácio

Uma disciplina urbana – a Psicologia e a Cidade

    Nas ciências humanas e sociais, é consensual o surgimento da noção de indivíduo como um ser racional, autônomo, dotado de livre arbítrio, com uma dignidade própria representada nos diversos direitos que lhe são naturais – entre os quais se situa o respeito à sua privacidade – a partir do fim da Idade Média europeia. "Indivíduo", pois, é um modo de subjetivação que acompanha uma específica determinação histórico-social, qual seja, a do mundo ocidental. Longe de fazer parte da bucólica vida comunal do feudalismo, a burguesia se insere nas cidades (os primitivos burgos) onde cria um novo estilo de vida, voltado ao comércio, à manufatura. Novos valores tornam-se parte desse espaço, em que a consideração pelo outro não é mais advinda da posição social recebida ao berço, mas decorrente de seu esforço pessoal e trabalho.

    É exatamente nesta configuração que a psicologia emerge como disciplina científica. Melhor dizendo, as psicologias, porque desde o corte que se intenta fazer entre as formas de compreensão do outro até então existentes e a nova forma, baseada na ciência e, portanto, racional, fica claro não haver uma única maneira de conceber este campo.

As psicologias, então, emergem como um campo disciplinar múltiplo, buscando ora práticas para atuar junto ao indivíduo, ora formas de estudar e tecer explicações sobre este ser racional, autônomo, que vive nas cidades e não pode mais ser conhecido pelos laços comunais que o situavam em determinadas posições. Na cidade, ele é livre, dotado de interioridade e do direito à privacidade que o tornam, portanto, um desconhecido. Assim, é necessário descobrir sua verdade, como se descobre a da natureza.

Não à toa as psicologias se desenvolvem inicialmente em terras europeias e estadunidenses. Se podemos encontrar presença do conhecimento produzido neste novo campo ainda no século XIX no Brasil, ele é, contudo, marginal, conhecimentos complementares ao saber médico instituído e hegemônico. Somente com a República e suas aspirações de construir uma nação com nível de civilização comparável à Europa é que a psicologia entre nós vai, aos poucos, se autonomizando e sendo institucionalizada. Não por acaso este processo final ocorre nas décadas de 1950/60, os "anos dourados" da chegada das fábricas de automóvel, das estradas rasgando o território do país, da televisão, da construção de Brasília, anos em que parece que chegamos, enfim, à modernidade almejada. Esta se caracteriza por um processo crescente de racionalidade, centrando-se no tripé modernização tecnológica, urbanização e psicologização; a psicologia tornando-se a ferramenta para decifrar o cotidiano, uma ciência social, como bem diz Rose.

Se estamos situando o surgimento e desenvolvimento da psicologia como vinculados ao mundo urbano, é estranha a pequena dedicação desse campo do saber a esta área de estudos. São poucas as investigações e reflexões sobre cidade. Podemos inferi-la dos estudos sobre massas do final do século XIX, mas a especificidade, aí, situa-se nos aglomerados humanos que circulam pelas ruas, não propriamente nas questões urbanas.

É aqui que se destaca este livro de Denis Carvalho. Fruto de sua dissertação de mestrado, defendida na UFRN, o autor historiciza a psicologia em Natal articulando-a ao desenvolvimento da cidade, à sua modernização, relações entre o urbano e o saber psicológico que são objeto de análise no primeiro capítulo. Os outros dois são específicos da demonstração dessa relação conforme existente em Natal.

No primeiro, investigando a história de Natal a partir do século XIX e, nela, a inserção da psicologia, o autor nos apresenta a reforma urbana, com o primeiro planejamento sanitário e habitacional, a modernização cultural e as reformas educacionais. Observe-se nestas a presença feminina, que irá se tornar uma marca do campo profissional desse saber.

O segundo capítulo, por outro lado, trata já diretamente da segunda metade do século XX, apresentando o papel médico na higiene – que é da cidade mas também, como bem diz Denis, "das almas" –, a atuação católica e do serviço social. O autor aponta a constituição também de uma "cultura psicológica" com capacidade explicativa dos fenômenos do cotidiano que passa a fazer parte do universo simbólico dos habitantes da cidade e, neste sentido, regula e constitui seus modos de subjetivação.

O livro é, portanto, de uma importância ímpar, não só por sua qualidade de escrita e de análise, mas pela novidade do ponto de vista analítico que sustenta, do "urbano como conceito definidor do contexto no qual a psicologia se desenvolve". Neste sentido, é importante reconhecer também a contribuição do Conselho Federal de Psicologia que, com a coleção "Histórias da Psicologia no Brasil" nos permite ter acesso a uma obra cuja riqueza e inovação demonstram sua relevância e pertinência a todos os que se interessam pelos percursos da psicologia em terras brasileiras.

Ana Maria Jacó-Vilela
Rio de Janeiro, agosto de 2008

A inserção da psicologia e a modernização urbana: algumas reflexões acerca da experiência brasileira

A produção historiográfica sobre a psicologia no Brasil surgiu há pouco tempo, embora tentativas de reflexão a respeito do tema possam ser encontradas desde o início do século XX. Nas últimas décadas, houve um aumento na publicação de trabalhos e também o surgimento de uma preocupação com questões metodológicas. Josef Brozek e Marina Massimi (1998) apresentaram as tendências metodológicas dominantes na historiografia da psicologia no Brasil, que se configura da seguinte forma: em primeiro lugar, há uma historiografia internalista, que visa a reconstruir o desenvolvimento histórico de teorias e métodos psicológicos a partir da lógica própria da psicologia enquanto ciência. Há uma história cultural da psicologia, que procura demonstrar as raízes do pensamento psicológico na cultura. Pesquisadores que abraçam uma história crítica também produziram trabalhos, investigando a relação dos conhecimentos, práticas e técnicas psicológicas com os processos de transformação social.

Nosso trabalho propõe uma perspectiva diferente de estudo do desenvolvimento histórico da psicologia. Estudaremos a psicologia como um conjunto de saberes, técnicas e práticas criados no contexto da modernidade e difundidos pelo processo de modernização a partir de sua relação com a instância de mediação que é a cidade.

Por modernidade, seguindo Touraine (1998), não entendemos a pura mudança, mas a diferenciação dos diversos setores da vida social (política, economia, vida familiar, religião, arte, etc.) e sua organização por uma racionalidade instrumental, num contexto de valorização dos interesses individuais assegurados pelo Estado, que garante a todos (teoricamente) o direito à busca da felicidade em uma economia de mercado. A modernidade é também marcada pelo surgimento do que Anthony Giddens (1991; 1997) denomina de sistemas abstratos, que podem ser de dois tipos: as representações simbólicas e os sistemas especialistas. As representações simbólicas são meios de intercâmbio de valor padronizado, intercambiáveis em uma diversidade indefinida de circunstâncias. O melhor exemplo é o dinheiro. Os sistemas especialistas são conhecimentos especializados que dependem de regras de procedimentos, as quais orientam as ações dos indivíduos que manipulam esses conhecimentos. A medicina e a psicologia são bons exemplos de sistemas especialistas.

Modernização será aqui compreendida como os efeitos do desenvolvimento econômico sobre as estruturas sociais e valores tradicionais, através de um processo que inclui a industrialização, o surgimento da economia de mercado, a expansão do ensino e da tecnologia, a implantação do Estado liberal-burguês e da urbanização da vida social (Featherstone, 1997). Urbanização compreende-se como a resultante da conjugação de três fatores: 1) o incremento do espaço construído, com o estabelecimento da distinção entre local de moradia e local de trabalho; 2) o desenvolvimento de atividades econômicas não agrícolas, com destaque para o trabalho intelectual; 3) o aparecimento de sistemas abstratos, que passam a dirigir a vida cotidiana, muitas vezes na forma de novas profissões responsáveis pela análise e gestão do comportamento humano (como a psicologia). Isso acontece justamente pela principal característica sociológica da cidade: ela é uma instância de mediação entre os grandes sistemas (cultura, política, economia, ciência) e a vida cotidiana (Lefebvre, 1991).

A cidade é, portanto, um espaço privilegiado em que se produz um estilo de vida moderno (Berman, 1986; Lash, 1997). A modernização das cidades europeias no final do século XIX produziu uma significativa transformação cultural, que terá impacto na psicologia. Em Paris, as transformações urbanas serviriam como tema de investigação da Psicologia das Massas, de Gustav Le Bon. Em Viena, a modernização da cidade forjou uma identidade burguesa, que se mostrou em crise na revelação feita pela psicanálise freudiana acerca dos impulsos sexuais reprimidos que se manifestavam na vida onírica e nos sintomas psicossomáticos de seus habitantes. No Brasil, o Rio de Janeiro era palco de intervenções urbanísticas que pretendiam transformá-la em uma cidade moderna. A inauguração da Avenida Central, em 1904, a lei da vacinação obrigatória, a criação de grandes avenidas, de praças e jardins assinalavam a vontade dos primeiros presidentes civis paulistas de forjar um Estado-nação moderno (Sevcenko, 1999). É nesse contexto que, segundo Antonio Gomes Penna (1992), instalou-se, em 1906, um laboratório de "Psicologia Experimental" – provavelmente o primeiro em todo o país – no *Pedagogium*, instituição criada para ser o centro propulsor das reformas e melhoramentos da educação nacional, localizado na então capital federal.

Estudaremos aqui o desenvolvimento da psicologia enquanto discurso acadêmico e prática profissional em Natal, capital do Estado do Rio Grande do Norte, localizada na região Nordeste do Brasil. A modernização dessa cidade ocorre em dois momentos distintos: 1) a transformação da cidade colonial em uma cidade moderna, entre 1889 e 1930; 2) a consolidação da modernidade urbana, após a Segunda Guerra Mundial (1945-1965). A psicologia surge nessa cidade como disciplina escolar com sua implantação parcial nos currículos das principais instituições de ensino secundário da capital potiguar: o Atheneu, a Escola Normal e a Escola Doméstica, durante os cinco primeiros lustros do século XX. Em 1945, a psicologia aparece no primeiro currículo da Escola de Serviço Social, primeira instituição de ensino superior regular de Natal. O Centro de Psicologia Aplicada, primeira instituição psicológica do Rio Grande do Norte, seria criado em 1965.

O livro está dividido em dois capítulos, cada um contendo três seções. No primeiro capítulo, descreveremos o contexto de transformação urbana e cultural em que se insere, pela primeira vez, o discurso psicológico em Natal. Mostraremos a primeira transição urbana de Natal, cidade colonial transformada em moderna. As transformações culturais permitem que ideias psicológicas, eugenistas, psicanalíticas e mesmo o discurso científico da psicologia sejam expressos através de críticas literárias, romances, livros jurídicos e na imprensa da cidade, que se multiplica e se diversifica. Nas instituições secundárias de ensino temos a introdução da psicologia como disciplina escolar e as primeiras discussões sobre os testes psicológicos. A psicologia aparece como um instrumento capaz de preparar as mulheres para educarem as novas gerações que iriam construir o futuro da cidade.

No segundo capítulo, mostraremos o desenvolvimento de dois saberes especialistas que tiveram grande importância na difusão do conhecimento psicológico em Natal: a medicina, através dos hospitais psiquiátricos, de uma clínica para crianças excepcionais e da faculdade de medicina. Estudaremos principalmente o desenvolvimento da psiquiatria natalense através de sua consolidação institucional e da influência que passou a exercer na cultura jurídica da cidade. O outro saber especialista que estudaremos é o serviço social, que se organiza como forma de controle social, vinculado ao Estado e a instituições empresariais. O serviço social vincula-se à organização racional da produção econômica ao incutir normas de comportamento favoráveis à produção e implantar um novo tipo de socialização do trabalhador e de sua família, afetando o seu cotidiano com o propósito de adaptá-lo aos métodos do trabalho industrial. O assistente social passa a servir como agente de um processo de interferência moral (com repercussões políticas) por parte do capital na vida particular do trabalhador. O objetivo é que a classe trabalhadora interiorize as normas de comportamento favoráveis à produção, passando a exercer um autocontrole complementar ao controle externo capitalista e estatal. O próprio surgimento do serviço social expressa o predomínio do controle racional e técnicas nas atividades assistenciais, com o objetivo de obter maior eficácia na domesticação das mentes e dos corpos dos trabalhadores. O discurso psicológico desses dois sistemas especialistas será analisado, assim como a importância que tiveram na difusão da cultura psicológica em Natal.

Por fim, mostraremos como esses dois saberes especialistas desempenharam papéis protagonistas no combate aos males sociais advindos com a intensificação do processo de modernização urbana de Natal, agindo como instrumentos de psicologização de questões sociais.

Nas considerações finais, faremos algumas reflexões acerca da relação entre psicologia, modernidade e cultura urbana e proporemos algumas questões para novas pesquisas.

1

A construção do futuro: modernização urbana e a inserção da psicologia em Natal

O final do século XIX foi marcado por significativas transformações no Brasil. A abolição da escravatura e a proclamação da República derrubaram os alicerces da antiga ordem social e possibilitaram a construção de uma sociedade moderna, ou seja, de uma sociedade capitalista urbano-industrial. Ideias como futuro, novo, moderno, progresso, evolução, ruptura e outras similares começam não apenas a fazer parte do cotidiano dos atores sociais, mas também a caracterizar o discurso intelectual e os projetos de intervenção estatal na sociedade (Herschmann; Pereira, 1994).

Um exemplo interessante dessa concepção encontra-se no artigo "Três séculos: 25 de dezembro de 1597 – 25 de dezembro de 1897", escrito por Antônio de Souza, destacado político e escritor norte-rio-grandense, referente ao tricentenário da cidade de Natal, publicado na *Revista do Rio Grande do Norte* em 10 de janeiro de 1898. No início do artigo, Antônio Souza (1898) comenta que, ao comemorar 300 anos de existência, Natal tem uma população de "pouco mais de dez mil habitantes". E acrescenta: "Não há necessidade de mais simples nem mais forte argumento para demonstrar a fraqueza das origens, a incapacidade ethnologica que três séculos apenas foram suficientes para fazer conhecer" (1898, p. 1).

O pessimismo, contudo, é minimizado com o vislumbre de um futuro promissor:

> Hoje nada poderiamos fazer grande, porque ainda faltam-nos os meios só compativeis com o progresso mais amplo, de que ainda não dispomos, nem só meios materiaes, como, sobretudo, recursos mentaes. Tres gerações mais com o rapido incremento que teem, nestes ultimos annos, tomado todas o quasi todas as nossas manifestações de vida social, e o quarto centenário da cidade do Reis, bem como outras datas comemorativas de factos da nossa história, terá celebração condigna. (Souza, 1898, p. 1)

A importância dada aos tempos vindouros já havia sido expressa em um jornal chamado, de modo sugestivo, *O Futuro* (1896). A análise de alguns trechos do manifesto publicado no primeiro número desse jornal ajudar-nos-á a compreender as questões que definiam a transição para um novo modelo de sociedade. O manifesto começa com a seguinte declaração:

> O programa de um jornal é a evolução social; a imprensa deve representar genuinamente o pensar de todas as classes, – acompanhar os progressos modernos, – derramar, na altura de suas forças, as luzes da sciencia por todas as camadas sociaes, – advogar a causa das artes e das industrias, – estimular o cultivo das letras e – trabalhar pela instrução. (O Futuro, 1896, p. 1)

A evolução social, termo derivado do positivismo, a ideia de reconciliação das classes, a defesa do empreendimento – traço liberal –, mas principalmente a defesa das luzes da ciência e da instrução caracterizavam o discurso que começava a se impor entre os intelectuais norte-rio-grandenses. O discurso liberal, construído em torno das duas principais revoluções modernas (a Revolução Francesa e a da independência dos Estados Unidos), pode ser considerado um sucessor legítimo do iluminismo (Touraine, 1998). A filosofia do iluminismo pretende oferecer a todos os homens uma vida conduzida pela razão. Para isso, o indivíduo deve ter uma educação fundamentada em uma disciplina que o liberte da visão irracional imposta por suas paixões. Além disso, a mobilização social em torno da ideia de progresso, orientada por uma racionalidade científica, cujo principal motor é o desenvolvimento da indústria e do controle do homem sobre a natureza, somente seria possível em uma sociedade composta por indivíduos instruídos (Monarcha, 1999).

Mais adiante o texto afirma:

> Partidários da emancipação da mulher, cujos talentos desejaramos ver occupados com outros misteres além das preocupações domesticas, desde já offerecemos ao bello sexo d'esta capital, e do Estado inteiro, francas as columnas do *Futuro* para sua mimosa collaboração e defeza de seus direitos intelectuais, sempre absorvidos pelo homem, como mais forte. (O *Futuro*, 1896, p. 1)

O discurso acerca da emancipação da mulher e o investimento na "instrução" do povo são dois dos principais aspectos que caracterizam o esforço feito pela elite dirigente potiguar para transformar Natal em uma cidade moderna. A reformulação do espaço urbano também foi utilizada para fazer a transição de um ambiente citadino colonial para um espaço modernamente organizado, condição indispensável para estimular e desenvolver um estilo de vida mais correspondente ao espírito dos novos tempos, que dominava os países civilizados.

A cidade tornou-se um espaço privilegiado para a internalização de novos hábitos comportamentais. Devido à sua relação com o conjunto da sociedade (campo, poderes políticos, indústrias, comércio, etc.), ela muda quando mudanças ocorrem em alguma esfera da vida humana organizada. Segundo Lefebvre (1999), a cidade se situa num meio-termo entre aquilo que se chama de "ordem próxima" (relações de indivíduos em grupos mais ou menos amplos, mais ou menos organizados e estruturados e as recíprocas relações desses grupos) e a "ordem distante", ordem da sociedade, dominada por grandes instituições (Igreja, Estado, etc.), por um código jurídico formal ou não e por uma "cultura" (erudita, popular e de massas).

> A cidade é uma *mediação* entre as mediações. Por conter a ordem próxima, ela a mantém; sustenta relações de produção e de propriedade; é o local de sua reprodução. Contida na ordem distante, ela se sustenta; encarna-a; projeta-a sobre um terreno (o lugar) e sobre um plano, o plano da vida imediata; a cidade inscreve essa ordem, prescreve-a, *escreve-a*, texto num contexto mais amplo e inapreensível como tal e não ser para meditação. (Lefebvre, 1999, p. 46)

Em Natal, a reorganização do espaço urbano, o desenvolvimento da imprensa, o surgimento do cinema, as transformações literárias, o aparecimento de discursos cientificistas e as grandes mudanças na educação marcaram o período da República Velha, que assistiu ao nascimento de uma Natal pós-colonial, dando início a um intenso, mas lento processo de modernização urbana que somente se tornaria irreversível nos anos 1950. Neste capítulo descrevemos o início desse processo de modernização, analisando: a) a reorganização do espaço urbano e a criação de uma infraestrutura capaz de garantir o conforto desejado por aqueles que conheciam as facilidades existentes nas cidades modernizadas; b) as transformações culturais proporcionadas pelo crescimento de grêmios literários, o teatro, a crítica literária, o aparecimento do cinema, do romance urbano e de um discurso científico de matriz biológica, que se colocava a tarefa de reorganizar a vida social em bases racionalmente construídas; c) as reformas na educação, principalmente a criação da Escola Normal e a realização de um projeto de educação da mulher expresso pela criação da Escola Doméstica.

Com isso, desejamos descrever o contexto em que o discurso psicológico se manifesta pela primeira vez em Natal. Esse discurso pode ser compreendido como mais um signo desse processo de modernização urbana, como também, embora isso só ocorra com mais efetividade posteriormente, um vetor dessa modernização de espaços e mentes que se iniciara em Natal nas duas primeiras décadas do século XX. Os espaços institucionais em que o discurso psicológico se apresentou nesse momento inicial em Natal foram o Atheneu Norte-rio-grandense (embora de modo passageiro), a Escola Normal e a Escola Doméstica, três escolas de ensino médio que introduziram o ensino da psicologia nessas terras cercadas por águas e dunas.

a) A invenção de uma cidade moderna: a reforma do espaço urbano de Natal na República Velha

Em 30 de dezembro de 1901, a Resolução Municipal nº 15 criou a Cidade Nova, compreendendo os bairros de Tirol e Petrópolis, com uma área de 164,85 ha, divididos em 48 quarteirões. O intendente Joaquim Manuel contrata o agrimensor Antônio Polidrelli para realizar o *master plan* da Cidade do Natal. Esse plano implanta o padrão de avenidas largas na capital potiguar, em contraste notório com as ruelas e caminhos estreitos dos bairros da Ribeira e da Cidade Alta, os únicos existentes em Natal até então.

Em 23 de outubro de 1911, é criado oficialmente o bairro do Alecrim, o quarto bairro da cidade. Com acesso para o sertão por Macaíba, o bairro passou a ter uma população predominantemente operária, de origem sertaneja, crescendo significativamente nas décadas seguintes.

Em 2 de setembro de 1929, o prefeito O'Grady sancionou a Lei nº 4, que dispunha sobre a construção de prédios e cujos artigos mais interessantes são:

> Art. 1º – As construcções, reconstrucções, accrescimos e modificações de prédios no Município de Natal ficam de ora deante subordinadas ás disposições da presente Lei e para sua conveniente applicação é o Município dividido em quatro zonas: – primeira zona ou Central; segunda zona ou Urbana; terceira zona ou Suburbana e a quarta zona ou Rural.
> Art. 85. – A prefeitura estabelecerá typos padrões de casas de residência para vários trechos das primeira e segunda zonas, conservando-se na Diretoria de Obras os projectos standard, que serão franqueados aos architectos, construtores e proprietarios para o fim de serem seguidas as suas linhas geraes.

Em Natal, portanto, foram instituídos oficialmente o zoneamento e a "estética das fachadas". O zoneamento, segundo o urbanista Donat Alfred Agache, é o uso diferenciado das superfícies urbanas (Bruant, 1996). Cada tipo de construção residencial deve satisfazer a necessidade de um grupo particular da população, reunido num mesmo espaço. Além disso, o zoneamento estabelece uma nítida separação entre bairros residenciais, comerciais e industriais. A padronização das fachadas é uma consequência do zoneamento, que organizava o espaço habitacional, diferenciando-o por grupos sociais.

Na verdade, o governo já vinha padronizando há algum tempo ambientes construídos. Em 1908, por exemplo, é inaugurado o Grupo Modelo Augusto Severo, primeira escola a ter um prédio especialmente construído para essa finalidade. O educador

Nestor dos Santos Lima (1911) assim descreveu a arquitetura do Grupo Modelo:

> O elegante edificio da praça "Augusto Severo", orientado para oeste, consta de um corpo central e duas alas lateraes, constituindo duas salas, onde funcionam, na do norte o curso feminino e o infantil mixto na do sul. O corpo central, com um vistoso portico, na parte anterior, contem um vasto salão, onde se acha o curso elementar feminino, quatro salas medias, da directoria, gabinete de professoras e vestiarios e as privadas, na parte posterior. Jardim na frente, galpões e area para um recreio são ainda dependencia do edifício. (Lima, 1911, p. 3)

A nova arquitetura promoveu a expansão das atividades físicas, reconstruindo posturas e procedimentos corporais. Clarice Nunes afirma que "os prédios escolares foram gestos intencionais que pretenderam criar novos comportamentos e sentimentos diante da escola, expandindo-a para fora e além dela" (2000, p. 387).

Anteriormente, em 1904, o governo do Estado já havia construído o teatro Carlos Gomes (hoje teatro Alberto Maranhão). Esse ano marcou o início da ação do Estado na área de construção. A concepção dos projetos de todos os edifícios construídos pelo governo estadual ficou sob a responsabilidade do arquiteto mineiro Herculano Ramos. A arquiteta Giovana Oliveira relata:

> A partir desse momento, o governo do Estado passou a dirigir sua ação, no que diz respeito às construções de edifícios na cidade, no sentido de que estes tivessem todos os atributos capazes de provocar impactos, seja pela beleza, seja pela grandiosidade. Um impacto que fosse capaz de despertar o sentimento de que se caminhava para uma nova era de progresso, cuja manifestação estava exatamente no grau de civilidade e embelezamento que a cidade atingia.

Com isso, as festas de inauguração tornaram-se também uma etapa desse impacto. Estas procuravam por todos os meios reproduzir e ampliar a sensação de maravilhoso que cada novo edifício [...] procurava criar. Encenava-se um espetáculo, capaz de atrair e envolver a população na projeção de uma nova sociedade. (Oliveira, 1997, p. 122)

O perfil da cidade, contudo, somente mudaria se transformações substanciais ocorressem na sua infraestrutura. As duas primeiras décadas do século XX, de fato, testemunharam essas transformações. Em 1908, ano marcado por mudanças significativas em Natal, o bonde por tração animal foi inaugurado. Seu sucesso foi impressionante. Em 1911, com a construção da Usina Elétrica de Oitizeiro, a iluminação elétrica foi inaugurada nas ruas e residências da cidade. Um comentário de Lefebvre pode ajudar-nos a entender o significado disso:

Os objetos funcionais e técnicos (ou que se acreditava que fossem técnicos) tomam o lugar dos objetos tradicionais. Em termos mais simples, o reino da eletricidade, da luz elétrica, da sinalização elétrica, dos objetos movidos e comandados eletricamente começa por volta de 1910. Essa importante inovação não atingiu apenas a produção industrial; ela penetrou na cotidianidade, modificou as relações do dia e da noite, a percepção dos contornos. (Lefebvre, 1991, p. 122)

O objetivo desses investimentos era dotar a cidade de uma infraestrutura mínima que lhe permitisse desempenhar o papel de centro comercial. Além disso, novas formas de lazer surgiram, com destaque para o cinema, que comentaremos na próxima seção.

No seu belo trabalho acerca das transformações urbanas da cidade de Natal no início do século, Giovana Oliveira escreve:

A cidade do Natal que despontou na segunda década do século XX compunha, com certeza, um cenário adequado aos padrões modernos. Nela, um número sempre crescente de pessoas transitavam em bondes elétricos e rápidos. Os homens e as mulheres podiam vestir-se segundo a última moda inglesa e francesa, com grande facilidade, para irem assistir à projeção de mais um novo filme que chegava à cidade ou ir ao teatro; podiam também pegar um bonde e ir até a praia ou ao balneário localizado à beira do rio Potengi. Eram muitas as possibilidades de desfrute que a cidade começava a oferecer a um espírito moderno. (Oliveira, 1997, p. 154)

b) A transformação cultural da cidade de Natal na Primeira República: A *belle époque* potiguar

Floriano Cavalcanti, em artigo publicado na *Revista da Academia Norte-Rio-Grandense de Letras* (1955), afirmou a respeito do ambiente cultural natalense na virada do século:

> Merece [ser] salientado, por ser fenômeno cíclico na vida dos povos, que Natal, ao alvorecer do ano de 1898, contando com 15.000 habitantes, possuía quatro agremiações literárias, cada uma provida de jornal ou revista, e tôdas em franca prosperidade! E êsse fato é tanto mais para notar, quanto hoje, com uma população sete vezes maior não ostenta florescimento igual [...]. Que irrequieta gente essa "fin de siècle", que agitava a vida do burgo, fundando grêmios literários e sociedades teatrais, editando revistas e encenando dramas; realizando conferências e promovendo concêrtos! Foi uma época deslumbrante. A filosofia, a religião, a arte e a crítica eram as leituras prediletas. Arvorados em árbitros do pensamento emancipado e da estética contemporânea, Darwin, Haeckel, Comte, Spencer, Renan e Taine ditavam leis, determinando diretrizes e prescrevendo cânones. Os livros passavam de mãos em mãos e, ao influxo das novas correntes,

os moços faziam a revisão das velhas ideias. Positivistas ou evolucionistas, insurgiam-se contra a metafísica ou espiritualismo, acometendo dogmas e princípios. Influenciados por Proudhon, Marx e Engels, ventilavam questões econômicas e sociais. Firmados em Laboulaye, Hamilton e Bryce, debatiam problemas políticos, cheios de fé no republicanismo infante. Escudados em Tobias Barreto, Silvio Romero e Nordau, ridicularizavam o ainda remanescente romantismo e atacavam todas as formas de misticismo. Autênticos representantes de uma época pessimista em literatura, naturalista em filosofia, agnóstica em religião, revolucionando a última etapa do século! Mas eram sonhadores e altruístas, estimulados mais pelo cérebro do que pelo estômago, nada influindo sobre o coração o materialismo filosófico de que estavam impregnados. (Cavalcanti, 1955, p. 285)

A imprensa passou a exercer um papel preponderante na reorganização do espaço público. Inicialmente artesanal, o jornal veiculava ideias e desenvolvia a cultura.

O Jornal *Oásis*, órgão do grêmio literário *Le Monde Marche*, cuja publicação iniciara-se no dia 15 de novembro de 1894 (Fernandes, 1998), exemplifica muito bem essa nova maneira de expressão cultural que despontava em Natal. Dedicado principalmente a discutir a necessidade de reformas no sistema de ensino, o *Oásis* também criou oportunidades para a publicação de textos de jovens escritores.

Em 1909, o advogado e jornalista Manoel Dantas proferiu uma palestra que ficaria célebre: "Natal daqui a cinqüenta anos" – um elogio da modernidade industrial. Seu projeto ideal de modernização representava o ideário modernista de organização da cidade e da vida urbana. O arquiteto Pedro Lima dos Santos (2000) assim descreve a Natal utópica de Manoel Dantas:

A cidade exprime a visão humanista do autor, a qual está atrelada à sua fé inabalável no progresso científico e tecnológico, e no desenvolvimento industrial. São as conquistas advindas daí que permitem a implementação de melhorias urbanas, o embelezamento da cidade, a generalização do acesso à informação e à difusão cultural e artística. [...] Esta cidade moderna, narrativa antecipadora de Dantas, está imersa em um amplo processo de globalização capitalista, cuja uma das evidências é a presença constante em Natal de capitalistas, negociantes, investidores, turistas. O desenvolvimento dos meios de transportes (trens intercontinentais) propicia um intenso intercâmbio cultural a nível planetário. Enquanto que os meios de comunicação (transmissão imagens, sons, informações) criam a possibilidade da compartilhação, também a nível mundial, dos mesmos acontecimentos políticos e artísticos. Deste modo, verifica-se na palestra de Dantas uma antecipação dos atuais movimentos que tendem para o multiculturalismo e para a homogeneização cultural. O autor retrataria, enfim, com quase um século de antecedência, a vitória e a hegemonia, atuais, da civilização ocidental cristã e do modo de produção capitalista. (Santos, 2000, p. 49-50)

No jornal *A República*, do qual foi diretor, Manoel Dantas publicaria em 5 de junho de 1909 a primeira tradução em língua portuguesa do *Manifesto Futurista*, de Marinetti, publicado originalmente em 20 de fevereiro do mesmo ano, no jornal francês *Le Figaro*.

As inovações tecnológicas produziram seu impacto em Natal. O cinema seria uma das mais significativas. A primeira exibição cinematográfica ocorreu no final do século XIX. Anchieta Fernandes relata:

Foi numa noite de sábado, a 16 de abril de 1898, que Nicolau Maria Parente exibiu pela primeira vez em Natal filmes através do cinematógrafo lumieriano. O local da exibição foi a Rua do Comércio (depois, Rua Chile), na Ribeira. Não sabemos com certeza se as cenas foram projetadas ao ar livre, contra a parede de um prédio da referida rua, ou se foram projetadas no interior do Teatrinho da Fênix Dramática Natalense. (Fernandes, 1992, p. 19)

As novas ideias não param de chegar aos recantos cultos natalenses, ávidos por novidades. No final da década de 1920, alguns artigos sobre a psicanálise aparecem no jornal "A República". Em 21 de agosto de 1928, César de Castro publica nesse jornal "A concepção de Freud", texto didático, que enumera os principais conceitos freudianos. A recepção às ideias de Freud, contudo, não seria tranquila. Em artigo anônimo de 3 de agosto de 1928, o suposto sexualismo do pensamento freudiano (que o autor reconhece ser uma interpretação equivocada dos escritos do sábio austríaco) é compreendido como sintoma de uma era de cinismo que se iniciava na sociedade moderna.

O artigo mais importante, contudo, seria escrito por um jovem advogado natalense: Edgar Barbosa. "O pan-sexualismo de Freud", publicado no dia 10 de julho de 1928, pode ser considerado como o primeiro texto divulgado em Natal a discutir algumas ideias freudianas.

Barbosa, erroneamente, considera Freud um discípulo do psiquiatra francês Pierre Janet. Uma peculiaridade da análise do jurista potiguar é a afirmação de que a teoria freudiana descreve as civilizações em época de dissolução:

> A theoria de Freud, se houvesse nascido com quinhentos anos de antecedencia, poderia ser hoje considerada uma determinante das epocas que tiveram como caracteristico todas as perversoes sexuaes, as phobias do instinto, as neuroses, as multiplas degenerescencias provocadas ou pelos excessos ou pelas repressões. (Barbosa, 1928, p. 1)

Edgar Barbosa relaciona, assim, a psicanálise freudiana ao então popular conceito de degeneração, divulgado por Morel, Ferré, Lombroso e Nordau (Herman, 1999).

Barbosa também afirma que "o freudismo ajuda a reforçar ainda mais a victoria do feminismo, pois elle demonstra que a mulher evoluciona pela mesma escala phisiologica do homem" (1928, p. 1). Essa relação entre feminismo e psicanálise é muito significativa. Em sua obra pioneira, *Psychoanalysis and Feminism*, de 1974, Juliet Mitchell, uma dos expoentes do feminismo psicanalítico, afirmou: "A maior parte do movimento feminista identificou Freud como inimigo [...] [mas] uma rejeição da psicanálise e da obra de Freud é fatal para o feminismo" (*apud* Elliot, 1996, p. 155).

Como conclusão, Barbosa afirma que, embora pareça incompreensível, absurda, a teoria freudiana triunfará, pois, para acabar com "o rocheddo irremovivel das idéas fixas, fazem-se precisos pensamentos absurdos" (1928, p. 1).

As ideias científicas começavam a ter maior divulgação graças ao grande número de jornais literários existentes em Natal na República Velha. Uma delas, a eugenia, teria no professor Cristovam Dantas, titular da cadeira de Higiene no colégio Atheneu Norte-rio-grandense, um dos seus mais entusiastas defensores.

Dantas apresenta as ideias eugênicas em artigo publicado na *Revista do Centro Polimático do Rio Grande do Norte*, em agosto de 1920. "A creança e a eugenia" inaugura as reflexões acerca da eugenia em terras potiguares. Uma análise desse artigo ajudar-nos-á a compreender o escopo que orienta o pensamento de Dantas.

Qual seria o objetivo da eugenia? Dantas responde: "Reconstruir – Eis, portanto, o brado universal. Reconstruir o homem, o pensamento, a moral, os costumes; a escola, o lar; reconstruir o caracter, ao mesmo tempo em que se transmude o cérebro" (1920, p. 3).

Como alcançar tal objetivo? A resposta é clara: pela criança, que é a resultante do equilíbrio de forças ambientais e hereditárias. Dantas dirige-se a um interlocutor imaginário, admoestando-o de modo assustador:

> Sêde inaptos para os fins da perpetuação da especie; sêde tarados, cacoplastas, doentes no corpo e no espirito; sêde geradores de abortos; sêde escravos do vicio e adoradores de Maloch; sêde pastos á flora bacteriana... vossos filhos, sellados com o vosso beijo criminoso, hão de estereotypar amanhã no negrume da alma e na podridão do corpo, o estigma da degenerescência. (Dantas, 1920, p. 4)

Os espectros de Lombroso e Morel assombram os lares natalenses, com a ameaça da famigerada degenerescência. Exercícios físicos são necessários: "Mais ainda: deixai-os á mercê de seus instintos animaes. Não os enrijeis atravez do leite que alimenta e da gymnastica que fortalece os musculos e os caracteres; fugi das leis da hygiene – e veres a consequencia negra do vosso descaso" (Dantas, 1920, p. 4).

A seleção humana deve imitar os procedimentos realizados na seleção artificial de animais domésticos:

> Não há diferença completa entre a creatura humana e o irracional, que poderíamos considerar eguaes, si não fora uma certa quantidade de predicados moraes. A lei, porem, é a mesma. Desde a molecula biologica até a elaboração dos appareIhos, o metabolismo é identico. Portanto, quer fica susceptibilidades, quer provoque repugnancias, os principios que regem os phenomenos da reprodução sexuada são grandiosos na sua analogia. E a seleção do homem terá de ser feita nos mesmos moldes da seleção zootechnica. (Dantas, 1920, p. 4-5)

Quais as condições exigidas pela eugenia para regenerar a raça brasileira? Dantas (1920) enumera as seguintes:

1. Preparação absoluta dos pais para o bom resultado da procriação;
2. Exame médico pré-nupcial que ateste completa capacidade para as atribuições de reprodução e cuidado com a prole;

3. Afastamento dos indivíduos considerados nocivos à perpetuidade da espécie;
4. Educação infantil conformada em moldes rigorosamente higiênicos, desde o aleitamento materno até a ginástica corporal, em época própria, afastando qualquer agente nocivo aos primeiros anos, tais como: habitação inadequada, alimentos perigosos, precocidade escolar, etc.

Cristovam Dantas era bastante otimista em relação ao desenvolvimento da eugenia em nossa realidade: "A raça brazileira está em condições de produzir typos satisfatoriamente eugenicos. Ou, por outra, pode produzi-los".

Por que a nossa raça não produzia tipos eugênicos? Dantas responde: "Com o grande laboratório de antropomestiçagem que firma as suas bases no território nacional e com a má orientação dos elementos geradores, imprimindo forte confusão no seio da própria raça, é utópica a realização do escopo eugênico" (Dantas, 1920, p. 7).

A mestiçagem, eis o que impede a produção de tipos eugênicos! Essa era uma ideia muito comum entre intelectuais brasileiros. Nina Rodrigues e Euclides da Cunha, por exemplo, compartilhavam essa convicção (Schwarcz, 1997). Os Estados Unidos também se preocupavam com os mulatos, que expressariam o meio pelo qual o "gérmen" inferior negro poderia contaminar irreversivelmente o estoque de genes brancos puros (Richards, 1997).

Apesar da nossa condição de mestiços, Dantas não desanimava:

Impor-se-á tarde ou cedo uma reação. Será formidável. Advinha pelos preludios que já se anastomosam para estabelecer uma força. Encabeça-a a eugenia, triumphante, cujo ensino será obrigatório nas escolas primárias. Operar-se-á propaganda pelo cinema, pela imprensa, nas aulas como nas prisões, na cathedra do professor como na cadeira do discipulo. A higiene, a educação physica e moral constituirão os seus complementos. Os congressos da infancia, aos quaes deverão comparecer os eleitos para a vida afim de lhes ser aferidos o indice de robustez, secundados pelas conferencias eugenicas gizando o revigoramento psycho-physico da especie, constituirão, pela actividade desinteresseira e bem orientada, recompensas fecundas ao esforço patriotico e ao merito individual. (Dantas, 1920, p. 8)

As mudanças, contudo, já produziam resultados, embora tímidos. O direito foi uma área também marcada pela presença de novas ideias. Em 1922, o jurista norte-rio-grandense Sebastião Fernandes, antigo integrante do grêmio *Le Monde Marche*, publica *Estudos e applicações de sociologia criminal*, impresso pela Empreza Typografica Natalense. O também jurista Floriano Cavalcanti assim define o seu colega, num artigo publicado na *Revista da Academia Norte-Rio-Grandense de Letras*:

Sebastião Fernandes era um especulativo da ciência do direito, um estudioso da patologia social, um entusiasta da nova escola penal italiana. Discípulo de Lombroso, Ferri e Garófolo, tinha a sua atenção mais voltada para o delinquente do que para a pena. E convencido de que o criminoso é um ser psiquicamente defeituoso, vítima de uma falha cerebral e por isso retardado na evolução normal da espécie, propugnava pela instituição de penitenciárias, ou melhor, de reformatórios ou estabelecimentos de regeneração, como soía chamar, em que o delinquente pudesse receber, simultaneamente, o tratamento apropriado à cura da insanidade psíquica, a educação necessária à readaptação social, aprendendo, também, a trabalhar para prover à subsistência e tornar-se útil à coletividade, da qual fora por algum tempo afastado. (Cavalcanti, 1972, p. 14)

Fernandes, assim como Cristovam Dantas, preocupava-se com a regeneração da espécie, embora propusesse medidas terapêuticas e não profiláticas. O tema da degeneração, portanto, aparece explicitamente em sua obra:

> A frequencia de estygmas degenerativos nos criminosos, constatada por sábios eminentes, desde longa data, o estudo aprofundado de sua psychologia estão a advertir-nos, a cada instante, sobre a natureza anormal do delinquente. A investigação dos seus antecedentes hereditarios, a copiosa somma de relatorios medicos a respeito dos autores de crimes sensacionaes, a observação dos penitenciaristas, todo esse vasto e admirável trabalho dos anthropologos – criminalistas, o estudo sobre aquelles que praticam actos, reconhecidamente anti-sociaes, não deixam a menor duvida de que o criminoso é [...] um individuo moralmente falho, psychicamente anômalo. (Fernandes, 1922, p. 15)

Um exemplo de degeneração mencionado pelo eminente juiz é a epilepsia:

> Um dos especimens mais vulgares do degenerado é o epileptico, que o mal comicial se apresente ou se manifeste sob a forma larvada, quer de modo claro, inconfundivel, nas suas manifestações objectivas [...] as estatisticas demonstram que nos logares onde há menos epilepticos há tambem menos criminosos, que ambos descendem de paes velhos e que são frequentes em seus antecedentes hereditarios, a loucura, o alcoolismo, o suicídio. Nos criminosos, como nos epilépticos, ha a mesma tendencia para a vagabundagem, a obscenidade, a irritabilidade instantânea, a preguiça, a vaidade do delicto, a dissimulação, a covardia, a mentira, a megalomania. (Fernandes, 1922, p. 31-32)

Assim, Sebastião Fernandes conclui que a epilepsia predispõe o indivíduo para o crime. Uma outra figura patológica analisada por Fernandes é o difamador. Ele descreve assim os sujeitos portadores dessa variedade de neurose que é a difamação, tema que assinala sua principal contribuição à psicopatologia criminal:

> Conforme temos observado, detidamente, em longos annos e em differentes meios, a indivíduos indicados e conhecidos como taes [isto, como difamadores], e atravéz da historia, das lendas, da litteratura e da arte, este apresenta de identico com o epileptico, além dos estygmas anatômicos communs aos delinquentes, em geral (tal como a excessiva extensão da face, largos zigomos, orelha extraordinaria, lóbulo séssil, prognatismo do maxilar inferior que, com a fronte desproporcionada e fugitiva, relembra, flagrantemente, um *facies* simiesco), a facil explosão de sentimentos violentos, a brutalidade, a impulsividade, a insensibilidade solicita, a iracibilidade, a instantaneidade, a dissimulação e a tenacidade que o faz pela "repetição" dos ultrages, na mesma ordem e no mesmo sentido, estabelecer a falsa corrente de opinião contra a sua vitima. (Fernandes, 1922, p. 34-35)

No final de seu primeiro capítulo dedicado à difamação, Fernandes reconhece que há algumas dificuldades na teoria dos estigmas, mas sua conclusão é categórica:

> O que já não se contesta é a predisposição physio-psychica de certos individuos para determinada especie de delictos e essa tendencia se revela em traços ou estigmas que dão a esses individuos uma physionomia propria, assignalada, caracteristica. [...] Ahi está uma das mais bellas victorias da nova escola [a Escola Positiva do Direito, que negava o livre-arbítrio e a responsabilidade moral, afirmando que a pena de restrição de liberdade deveria ser imposta em defesa da sociedade], por isso mesmo das mais combatidas, e uma das conquistas mais fecundas da sciencia moderna. (Fernandes, 1922, p. 35)

No Capítulo III do seu livro, Fernandes discute "o público e o 'estado permanente de suspeita'" (1922). O estudo sobre o público fundamenta-se na psicologia da multidão, desenvolvida principalmente na França e na Itália. Fernandes cita Sighele, Ferri, Tarde, Rossi e Le Bon. Outro tópico desenvolvido é o valor do testemunho. Sua preocupação, na verdade, é com a validade do testemunho de algumas categorias de pessoas:

> Quem quer que tenha em consideração os phenomenos de auto-suggestão e os de suggestibilidade, especialmente nas creanças, nas mulheres e nos débeis nervosos, nem desconheça a caracteristica tendencia dos histericos para a calumnia e das creanças para a mentira, póde avaliar de semelhante elemento de prova para sobre elle decidir da liberdade e da honra dos seus concidadãos. Dahi a necessidade da applicação dos resultados da psychologia e da psycho-pathologia na obtenção da prova testemunhal, reclamada pela escola positiva, como uma garantia de certeza muito mais segura que a solenidade, puramente formal, do compromisso ou juramento, cuja abolição se impõe pela sua evidente nulidade. (Fernandes, 1922, p. 49)

O próprio Sebastião Fernandes teve a oportunidade de aplicar tal compreensão em uma sentença proferida no dia 12 de julho de 1919. Em sua introdução, afirmou:

> O juiz, no estado actual das sciencias criminaes, tem de proceder com immensa cautela, si se trata de investigar, atravéz da prova feita, ou accusação levantada por creanças, a veracidade do facto submettido á decisão judicial. As pacientes investigações da psychologia experimental ou positiva, em particular da psychologia infantil, desfizeram a velha convicção na infallibilidade do testemunho das creanças. (s.p.)

A psicologia, portanto, aparece como valioso instrumento de investigação judicial. Fernandes também foi o primeiro intelectual norte-rio-grandense a escrever sobre a questão do menor abandonado. Nessa questão revela-se otimista, acreditando que a

> educação [...] acompanhada de uma instrução technica, profissional, ao lado de uma assidua e efficaz assistência medica, poderia, na primeira edade, pela creação de reflexos salutares e automatismos sãos, determinar uma modificação mais ou menos accentuada no caráter dos pequenos affectados da desgraçada neurose [a da delinquência habitual, provocada pela predisposição hereditária e ativada pela vagabundagem]. (s.p.)

Fernandes critica os que, entendendo que a moral do indivíduo é determinada pela hereditariedade, afirmam a inutilidade da educação. A essa objeção ele responde citando Sergi (psicólogo italiano, autor do livro *Principi di psicologia* (1874) e do texto "La stratificazione del caractere e la deliquenza"):

> O caracter é formado de estratificações sobrepostas, resultantes do ambiente, da educação experimental e do ensino, e que tantas dessas estratificações se podem justapor que o caracter congênito seja coberto e escondido [texto citado de Sergi]. É esta, indiscutivelmente, a verdade scientifica com a qual se têm conformado, no assumpto, os mais notáveis e modernos psychologos. A despeito do pessimismo desolador de alguns sociologos, já não é possível descrer do poder regenerador da educação, no sentido rigorosamente psychologico que lhe damos. (s.p.)

Sebastião Fernandes comenta que na Casa de Detenção de Natal não havia dependências reservadas ao menor abandonado e infrator, embora, segundo a sua opinião, esse fosse o principal problema social enfrentado pelo Estado. Para ele, a solução passaria por boa vontade e um esforço meticuloso.

No final da década de 1920, Natal já era uma cidade modernizada, com uma população que adotara novos hábitos e comportamentos. O primeiro romance a descrever a nova urbanidade desfrutada pelos natalenses foi *Gizinha*, de 1928, de Policarpo Feitosa, pseudônimo de Antônio de Mello Souza, intelectual e político norte-rio-grandense.

Se compreendermos a obra literária como um documento histórico, poderemos compreender também a sua época. Segundo Sidney Chalhoub e Leonardo Pereira:

> Ao historiador resta descobrir e detalhar com igual afinco tanto as condições de produção de uma página em livros de atas, ou de um depoimento em processo criminal, quanto as de um conto, crônica ou outra peça literária. Cabe ao mesmo interrogatório sobre as intenções do sujeito, sobre como este representa para si mesmo a relação entre aquilo que diz e o real, cabe desvendar aquilo que o sujeito testemunha sem ter a intenção de fazê-lo, investigar as interpretações ou leituras suscitadas pela intervenção (isto é, a obra) do autor; enfim, é preciso buscar a lógica social do texto. (Chalhoub; Pereira, 1998, p. 8)

Um bom exemplo disso é a descrição que Policarpo Feitosa (1965) faz do casal Azevedo/Regina, pais da jovem Gizinha:

> Conquanto as índoles fossem inteiramente opostas, ou talvez por isto mesmo, tinham vivido sempre em aparente harmonia, bastante pelo menos para não despertar reparos dos filhos, nem maledicências da vizinhança. Mas esta harmonia, de que Azevedo fôra sem dúvida o principal fator, consistia essencialmente na preponderância da vontade, dos desejos e dos gostos da esposa em tudo quanto entendia, não só com o arranjo da casa, o que seria natural, mas

> com a educação dos filhos, as relações sociais, as viagens, as temporadas de praia, tudo em suma, excetuado apenas o comércio, de que viviam com certa abastança, e do qual só a interessam os lucros apurados. (Feitosa, 1965, p. 14)

O romance, gênero tipicamente burguês, desenvolve-se sobretudo a partir do século XIX. No trecho acima, o autor, de modo discreto, aponta para o fim do patriarcado com a ascensão do velado exercício de poder da mulher. Observa-se também que a família pertencia à burguesia comerciante, uma classe que começava a ascender socialmente e a desfrutar de poder e prestígio.

A descrição de Gizinha e de Júlio, seu noivo, também é reveladora:

> Adalgiza era um curioso tipo dessa categoria de meninas a que a gíria das calçadas e das casas de chá do Rio chama "melindrosa". Linda sem ser um modêlo de beleza, de estatura regular, num meio em que a maioria fica abaixo da média, corpo rijo e bem conformado, ela tinha mais de uma perfeição física – os olhos castanhos, sombreados por extensas pestanas que lhes não velavam o brilho, um narizinho de menina, levemente arrebitado, cuja petulância atraía e fazia mêdo ao mesmo tempo. [...] Arranjara uma fumaça de instrução, que lhe levaram à casa os melhores professores da terra, tocava piano como tôda menina que tem piano, e odiava a cozinha, pelo cuidado que lhe mereciam as mãos, de pele muito fina e unhas em ponta, que ela tratava, esfregava e polia, durante uma boa meia hora diária, antes do almoço. Mas a sua principal distinção, a que maior número de admiradores lhe conquistara, era a dança. Nos bailes de casas amigas, nos do Natal-Clube, ou nos famosos maxixes políticos do "Carlos Gomes", ela figurava entre as mais espevitadas dançadeiras de tango e de todas as palhaçadas [sic] de nomes anglo-saxônios, cujos requebros e tremeliques, mais ou menos obnóxios, conhecia como profissional.

[Júlio Silveira era] um rapaz de 23 anos, filho único de pai "com alguma coisa", sempre elegantemente vestido com ternos claros ou brancos, de casaco cintado e calças curtas, exímio jogador de futebol, mas gostando também muito doutros jogos menos desportivos. De boa estampa, que a eliminação do bigode efeminara, um pouco, porque tinha olhos bonitos e bôca pequena, êle era, por todos estes requisitos, suficientemente reqüestado por algumas partidárias do "direito de escolher", teórica e pràticamente interpretado conforme as idéias modernas. [...] Moralmente, sem ser mais amorfo que a maioria dos outros, Julinho era uma espécie desse numeroso gênero, conhecido pela denominação eufêmica de "bom rapaz", sem virtudes notáveis nem vícios escandalosos, indeciso, maleável, com um grande medo de doenças e de responsabilidades, mas forte contra tudo na satisfação das suas grandes paixões – o tango e o carnaval. (Feitosa, 1965, p. 17-18)

Nota-se a ênfase no movimento do corpo, representado pela dança e pelo futebol.

Num sistema articulado em torno das noções básicas de limpeza, saúde e beleza, o corpo era um símbolo central. Desde o final da Primeira Grande Guerra, o esporte tornara-se um código para estabelecer os signos de distinção social. A burguesia, ao se apropriar dos valores aristocráticos do ócio, do adestramento militar e do cavalheirismo – todos vinculados aos esportes – traduzia o seu crescente prestígio social.

Nessa nova sociedade centrada no culto da ação, paralelo ao desenvolvimento dos esportes, há uma intensa difusão da dança. Não qualquer tipo de dança (muito menos a tradicional dança de cortês entretenimento social, praticada em grupo com gestos coordenados e convencionais), mas a dança de ritmo frenético, de origem negra ou latina, na qual se busca o estado de completo abandono e euforia extática. Segundo estudiosos, foi a atmosfera tensa gerada pela Primeira Guerra Mundial que desencadeou a epidemia de danças frenéticas e sincopadas (Sevcenko, 1998).

A descrição do antigo namorado de Gizinha, Roberto Lima, revela mais do que características idiossincráticas:

> [...] sujeito de grande força de vontade, perseverante e teimoso em tudo quanto empreendia, discreto nos seus planos, capaz de irregularidades para conseguir o que desejava, e encobrindo muitas vêzes, sob aparências de generosidade e desprendimento, um egoísmo raro na sua idade. Era órfão, e tinha dois irmãos pobres, a quem ajudava com os lucros das suas agências, algumas das quais não bem destrinçadas, nem talvez suficientemente íntegras, mas rendosas bastante para lhe permitirem viver com certa abastança, vestir bem, e até fazer favores de empréstimos a necessitados ou a imprevidentes. Muito relacionado em Natal e no Recife, aonde fazia freqüentes viagens, não tinha todavia, como outros de sua idade, amigo íntimo, e menos confidente. (Feitosa, 1965, p. 31)

Lima era um tipo diferente de burguês: um financista. Seu estilo expressa a agressividade típica dos novos tempos econômicos. A presença de pessoas como ele ilustra bem o novo estilo de vida de uma cidade em que o capital financeiro passou a ser uma fonte de riqueza, como a propriedade de terra e indústrias.

Um outro personagem interessante é José de Castro, assim descrito:

> Era um remanescente daquela antiga casta de empregado público de Natal, hoje rara: pobre, honesto e altivo, não adulando os grandes, só se juntando com os da sua classe [...]. Admirava até alguns membros da quinta comissão de recepção que ele fôsse convidado, embora se chamasse o baile "homenagem popular". (Feitosa, 1965, p. 52)

Os funcionários públicos, alguns desprovidos dos pudores que caracterizavam o Castro, na verdade formavam parte de um aparelho administrativo que começava a crescer, incorporando uma gama variada de funções. Natal era essencialmente uma cidade administrativa, embora começasse a ter um comércio capaz de permitir a ascensão social de alguns indivíduos mais inovadores. A amiga de Gizinha, Nair Lopes, porém, pertencia a uma outra classe social:

> Já com vinte e seis anos passados, e só tendo por si uma conhecida habilidade para trabalhos femininos e um espírito mordaz, que divertia as amigas e já lhe custara várias inimigas, ela fazia as diligências possíveis para arranjar um Julinho qualquer, mas um Julinho, não um Manuel Pobre. Estava porém um pouco longe de ser bonita, e a mãe viúva apenas possuía duas casinhas, numa das quais moravam, na rua S. Antônio. O aluguer [sic] da outra contribuía, com os juros dumas apólices do Estado, comprados havia muitos anos pelo marido a contínuos "enforcados", com desconto de trinta por cento, e umas vendas de doces, para vestirem, com muita habilidade, mais ou menos toleravelmente, almoçando café com pão e jantando caranguejos ou feijoadas. (Feitosa, 1965, p. 40-41)

Na verdade, a família de Nair já vivera melhor. O pai, que era também um agiota, conseguiu ter um bom patrimônio, comprando várias casas num tempo em que os prédios se vendiam em Natal por qualquer preço. O jogo e a doença, porém, arruinaram o velho Rocha Lopes. O *status* social anterior, portanto, explica a amizade entre Nair e Adalgiza.

O jornal *A República*, no dia 7 de outubro de 1934, transcreveu o comentário de João Ribeiro, importante escritor brasileiro e membro da Academia Brasileira de Letras, sobre o romance *Gizinha*. Um elemento interessante desse comentário, publicado no *Jornal do Brasil* no dia 10 de setembro de 1930, é a representação da cidade de Natal que emana da leitura do romance. Segundo João Ribeiro,

[...] a sociedade de Natal deixa-nos a impressão de inteiramente fútil, embora mais adiantada do que supunhamos. Nela há costumes provincianos, um baile "chic" em palacio que começa ás oito horas: graças ao cinema, impera o *fox-trot*, o *charleston*, o tango e o maxixe.

Um outro aspecto do romance chamaria a atenção de mais um importante intelectual brasileiro. Após o casamento de Gizinha e Julinho, e depois da desistência de passar a lua de mel no Rio de Janeiro, cidade referência da elite econômica natalense, o casal – no seu automóvel, presente do velho Azevedo – viajaria para uma fazenda sertaneja no início do fraco inverno de 1928. Mas, antes disso, consumariam o casamento. Policarpo Feitosa assim descreve o que se passou após a primeira noite:

Na manhã seguinte ao casamento, realizado na própria casa de Azevedo [...], a fisionomia de Gizinha não era de contentamento nem de tristeza, mas um misto de espanto e de tédio, que a faziam taciturna e indiferente a tudo, sem um sorriso sequer. [...] o que vira pela primeira vez ali, no isolamento do quarto nupcial, como remate das emoções da cerimônia, dos cumprimentos e das danças, em que não pudera deixar de tomar parte, fôra um animal desvairado, indiferente aos seus melindres, exacerbado pelas suas instintas resistências de virgem, sem habilidade nem delicadeza para vencê-las pela paciência e pelo carinho. [...] Eis a repetição, talvez com menos delicadeza e respeito, ignorado por ela, da união dos pais, o desentendimento inicial, origem de todos os seguintes, resultando do egoísmo ou da estupidez masculina. [...] Adalgiza passou todo o dia na sala de jantar, quase sem mudar de cadeira, e com o mesmo roupão côr de rosa com que aparecera pela manhã. Ao almoço quase não comeu, respondendo, quando lhe ofereciam isto ou aquilo, que estava sem fome e lhe doía um pouco a cabeça.
(Feitosa, 1965)

A abordagem, ainda que discreta, da sexualidade de Adalgiza por Policarpo Feitosa foi notada e enfatizada por Medeiros de Albuquerque, médico, político e escritor, no seu comentário publicado no *Jornal do Comércio*, Rio de Janeiro, em 12 de outubro de 1930.

José Joaquim de Campos da Costa Medeiros de Albuquerque, que em 1919 havia proferido uma conferência intitulada "Psicologia de um neurologista – Freud e suas teorias sexuais", posteriormente publicada na Argentina, numa tradução lida e elogiada pelo dr. Sigmund Freud, foi um dos pioneiros no estudo da psicanálise no Brasil (Perestrello, 1988). Assim ele comenta o romance potiguar: "O essencial do livro é, portanto, o exame de um caso de desacordo conjugal, que todos os neurologistas, e sobretudo os psycanalistas, garantem ser muitíssimo mais frequente do que se pode crer. Gizinha, entretanto, não chegou até a neurose" (*apud* Perestrello, 1988).

Medeiros de Albuquerque não se deu ao trabalho de tentar entender por que Gizinha não chegou à neurose. Uma hipótese, entretanto, pode ser formulada: Gizinha não se tornou uma neurótica sexual porque não era moderna o suficiente. A modernidade ainda era muito incipiente na capital potiguar nos anos 1920.

As transformações culturais, contudo, foram bastante significativas para mudar o comportamento da elite natalense. A construção do futuro não seria possível se não ocorressem mudanças substanciais na educação.

c) As reformas educacionais e a inserção escolar do discurso psicológico: o ensino da psicologia no Atheneu Norte-rio-grandense, na Escola Normal de Natal e na Escola Doméstica

A educação brasileira no século XIX, apesar da intensa discussão a respeito da necessidade de escolarização da população, é profundamente limitada pelas características políticas e culturais de uma sociedade escravista e autoritária, além da baixíssima capacidade de investimento das províncias (Faria Filho, 2000).

O Atheneu Norte-Rio-grandense, primeiro colégio potiguar, foi criado pelo presidente provincial Basílio Quaresma através da Lei nº 30, de 30 de março de 1835.

O jornal literário *Oásis*, em seu número oito, publicado no dia 1º de março de 1895, assim comenta o aniversário da inauguração do Atheneu, ocorrida em 1º de março de 1858:

> O dia 1º de Março é e será eternamente lembrado como o início da serie de evoluções intelectuaes e moraes, que compassadamente vão effetuando em nossa vida social. O dia 1º de Março constitue a nossa aurora scientifica, nossa liberdade intelectual, que desde então caminhou desassombradamente na grande estrada da instrução, que vae terminar onde se espanta as trevas com a luz, a miséria com uma escola, a ignorancia com um livro. Quem tiver acompanhado com olhar investigador a evolução literária e scientifica que entre nós se tem dado depois da creação dos cursos secundarios neste Estado, comprehenderá a verdade expendida por H. Spencer. "o amor da sciencia é um culto tácito, é o reconhecimento intimo das cousas que se estudam e implicitamente de suas causas". E é realmente assim: o espirito humano, na faina incansável do saber, tem percorrido a extensa e variada gamma de todos os ramos das letras, formando da sciencia um culto intimo, investigador das cousas e de suas causas. [...] O progressivo caminhar dos tempos, o aparecimento de espíritos especulativos, ávidos de saber têm feito alçar a estatua da sciencia, que illustra hoje o solo potyguar [...] a escola scientifica tem um vastissimo campo para as suas investigações, e o trabalho intelectual nobilita o homem, engrandece a vida social corrigindo e moralisando os costumes, constituindo-se a base das civilizações modernas. (Oásis, 1895, p. 37)

O próximo passo na transformação do sistema educacional norte-rio-grandense seria, ainda durante o Segundo Império, a criação de uma escola normal.

Depois de alguns projetos que ficaram no papel, o presidente provincial João Capistrano Bandeira de Melo criou, através da Lei nº 671, de 5 de agosto de 1873, a Escola Normal da Cidade do Natal, regulamentada pelo decreto de 12 de janeiro de 1874 e instalada a partir de 1º de março de 1874 no edifício do Atheneu. No ano de sua instalação matricularam-se vinte alunos, porém somente cinco foram aprovados nos exames preparatórios. Na administração de Nicolau Tolentino de Carvalho, mediante a Lei 809, de 19 de novembro de 1877, foi extinta a Escola Normal da Cidade do Natal, por falta de alunos (Oliveira, 1990).

A Lei nº 6, de 30 de agosto de 1895, deu poderes ao governador Pedro Velho para reformar a instrução pública, o que de fato ele fez mediante o decreto nº 60, de 14 de fevereiro de 1896, que reservava as cadeiras primárias do Estado para os portadores de diploma do curso de formação de professores anexo ao Atheneu, criado naquele ano.

Os índices de matrícula foram reduzidíssimos. Em 1898 seis alunos matricularam-se no curso. Em 1899 quatro alunos e, em 1901, nenhum aluno. A Lei nº 165 extinguiu o curso anexo, reduzindo o Atheneu ao "ensino de matérias necessárias a matrículas nos cursos superiores".

Em 5 de março de 1908, mediante o Decreto nº 174, o grupo escolar Augusto Severo, "abrangendo pelo menos duas cadeiras de ensino primário mantidas pelo governo, no bairro da Ribeira", baixou seu regimento, feito por Francisco Pinto de Abreu. Uma boa amostra da sua visão pedagógica é dada pelos artigos 6º e 7º do referido regimento:

> Artigo 6º – Os sentidos são os caminhos naturaes por onde conduzem-se as explicações do mestre ao espirito dos alumnos. Dentre

os meios empregados para atingir esse fim, são as lições de coisas que melhor resultado produzem, desenvolvendo na criança a faculdade de observação, preparando-a para refletir e ajuizar.
Artigo 7º – O ensino, para ser proveitoso, deve ser concreto. O mestre jamais obrigará seu discípulo a decorar mecanica e inconscientemente as regras, antes que elle conheça os fatos particulares que ellas resumam.

O grupo escolar Augusto Severo passou a ser o local de prática dos alunos da Escola Normal. O professor Nestor dos Santos Lima assim se refere ao desenvolvimento do grupo:

[...] a reforma do ensino de 1908, tendo como base principal a preparação technica do pessoal docente e portanto creando a Escola Normal, exigiu dos normalistas a pratica do ensino e foi o grupo "Augusto Severo", já em via de organizar-se, que teve de attender mais a esse fim, do maior alcance pedagogico.
Desde que se abriu e começou a funcionar a Eschola, os normalistas vêm alli fazendo agora como a principio, sob a direção do proprio lente de Pedagogia, a aprendizagem pratica do magistério. Só mais tarde, porem, esse caracter foi reconhecido pelo dec. 198 [...], que tambem o declarou modelo dos seus congeneres, servindo as suas tres escholas de typo para as que estavam inauguradas e outras a inaugurarem-se nos demais municipios do Estado. (Lima, 1911, p. 1)

O Decreto nº 178, de 29 de abril de 1908, também conhecido como Reforma Pinto de Abreu, expedido pelo governador Alberto Maranhão, redirecionou a educação potiguar. Todas as cadeiras primárias do Estado foram extintas e os professores postos em disponibilidade. Instalaram-se os grupos escolares e as escolas mistas, com uma nova proposta metodológica, passando a contar com professores previamente escolhidos. O citado decreto instituiu a Escola Normal, anexa ao Atheneu, que seria inaugurada no dia 13 de maio de 1908, tendo o professor Francisco Pinto de Abreu como diretor.

A Escola Normal passa a funcionar no prédio do grupo modelo, dirigida por Nestor dos Santos Lima, titular da cadeira de Pedagogia, a partir de 18 de maio de 1909. Em seu relatório de 1912, Lima afirma:

> Sendo notável o desenvolvimento que o estudo da creança – o sujeito do ensino, vae tendo na Europa e na América e não podendo por nos [sic] por deficiencia de meios, acompanhar esses estudos, para a perfeita adopção dos methodos de ensino e das medidas comuns e individuais reclamadas pelo estudo physico, mental e moral dos alunos, é entretanto preciso que vamos adquirindo as noções que os pedalogistas teem estabelecido e aprendendo as leis geraes da vida infantil, tão indispensaveis aos mestres que serão mais tarde os guias vigilantes de sua saude e da sua educação. (apud Oliveira, 1990, p. 181)

O próprio Nestor Lima, após visita a escolas normais de São Paulo, em 1913, introduziria noções de pedologia na cadeira de Pedagogia:

> Desde muito que atravez dos tratados e das revistas, eu seguia esse desenvolvimento e cada vez mais me compadecia da necessidade de substituir as noções de psychologia geral, inapplicaveis na escola para que se formam os professores pelos conhecimentos embora rudimentares, da sciencia da creança. E essa constatação na Escola de São Paulo decidiu-me definitivamente. (Lima, 1911, p. 3)

Em 1922, quando Lourenço Filho realizava a reforma da instrução pública no Ceará, era criada a Escola Normal de Mossoró, cujo primeiro diretor também seria o primeiro professor das disciplinas de Pedagogia e Pedologia: o advogado e professor formado em 1911 na Escola Normal de Natal, Eliseu Vianna, que estudara Direito em Fortaleza, tendo sido influenciado pelas mudanças ocorridas no vizinho Estado. Em 1930, Vianna publicaria dois artigos no jornal *A República* sobre os testes psicológicos.

No primeiro, "Testes mentaes", Eliseu Vianna apresenta as inovações introduzidas pelo uso dos testes psicológicos. Seu uso bem-sucedido no exército estadunidense e a aplicação da psicotécnica no Direito Penal asseguram o seu êxito na construção de um novo projeto educacional.

> A escola nova que aproveita os impulsos naturaes das creanças para a efficacia do trabalho criador, tem nas pequenas provas dos testes o processo engenhoso para proceder a previa classificação intelectual de sua materia prima. Obtem um indice aproximado das energias mentaes dos educandos, por meio de investigações sob condições bem definidas para, posteriormente, fixar os seus valores significativos. E, se por um lado conseguem os professores com esses testes psychologicos avaliar a inteligencia dos discipulos, ou a aptidão para aproveitar o ensino, tão variavel de alumno para alumno, permittem tambem taes processos a avaliação mental da propria escola e, consequentemente, a apreciação "com justiça do trabalho do professor" que "não poderá obter resultado egual com alumnos inferiores". A classificação que os testes de intelligencia dão aos alumnos pela camparação entre a sua idade mental revelada, avantaja-se para a organização da classe, adaptando-os a um mesmo nivel intelectual, com o afastamento dos anormaes ou atrazados e a seleção dos supra-normaes. (Vianna, 1930a, p. 1)

No segundo, "Testes de escolaridade", Vianna defende um uso mais generalizado dos testes:

Não se reduzem os testes ao único e intelligente meio de fazer o exame preliminar das capacidades psiquicas da creança, ora para a sua entrada nas escolas, ora para a classificação dos normaes e dos que revelam deficit mental. Estão extensivas as suas vantagens egualmente, a apuração do numero de noções adquiridas. Si bem seja esse o seu papel secundario, [...] a adopção dos testes para a verificação do progresso dos alumnos [...] O processo dos testes, sobretudo, é simples, facil, expedito; elles virão suprimir, aligerando a carga do mestre, juntamente na sua mais pesada empreitada, como bem disse Sud Mennuoci. E este ilustre educador paulista conclue que é porque permittem os testes constantes verificações com um minimo de esforço ou no maximo, com um esforço agradavel, porquanto a sua organisação dependerá do interesse do professor em saber a quantas anda nas diversas disciplinas. (Vianna, 1930b, p. 1)

A autonomia do discurso psicológico, expresso através de sua organização na forma de disciplinas curriculares, contudo, somente ocorreria – no âmbito da Escola Normal de Natal – no final da década de 1930, através do Decreto nº 411, de 17 de janeiro de 1938. Esse decreto, no seu artigo 5º, estabelece o seguinte currículo para a Escola Normal:

I. Antropologia Pedagógica, Hygiene e Puericultura;
II. Psychologia Geral, Infantil e Applicada á Educação;
III. Pedagogia e Sociologia;
IV. Methodologia Geral e Especial;
V. Desenhos e Artes Industriaes;
VI. Trabalhos Manuaes e Economia Domestica;
VII. Educação Physica;
VIII. Musica;
IX. Pratica Pedagógica.

O artigo 6° estabelece a distribuição das disciplinas através das duas séries do curso da seguinte forma:

> 1ª serie – Antropologia Pedagogica – Psychologia Geral e Infantil – Sociologia – Methodologia Geral – Desenho e Artes Industriaes – Trabalhos Manuaes – Educação Physica – Musica – Pratica Pedagogica.
> 2ª serie – Hygiene e Puericultura – Psychologia Applicada á Educação – Pedagogia – Methodologia Especial – Desenho e Artes Industriaes – Economia Domestica – Educação Physica – Musica – Pratica Pedagogica.

Se na Escola Normal o discurso psicológico demorou trinta anos para conseguir sua autonomia, no Atheneu Norte-rio-grandense sua presença ocorreu durante curto período de tempo. Criado durante o Império, é com o advento da República que o Atheneu passa a ter uma significativa importância na formação cultural e política da elite natalense. Segundo a pesquisadora Eva Cristini Barros:

> Entre as instituições públicas mais articuladas e comprometidas com o nascimento da República na terra potiguar sobressai-se o Atheneu. Enquanto principal instituição organizadora da "cultura", quando se consolidaram as reformas institucionais, pela sua mediação, mais incorporou esse sentido da nova situação política da província, ainda que essa nova situação estivesse mesclada de velhas tradições. Deliberadamente provocou a articulação das suas especificidades interiores com a vida da cidade, numa permuta de conteúdos, valores e atitudes. (Barros, 2000, p. 112)

A primeira inserção do discurso psicológico no Atheneu ocorre em 1911, mediante o Decreto n° 250, que reformulou o sistema de ensino do Estado. O novo regimento do Atheneu, publicado juntamente com o referido decreto, institui, então, a disciplina Lógica e Phisyo-psychologia, que expressa, com clareza, a dificuldade da psicologia de se diferenciar de suas duas fontes: a filosofia e a fisiologia.

Floriano Cavalcanti, formado na Faculdade de Direito de Recife em 1918, ensinou em 1919 a disciplina "Psicologia, lógica e história da filosofia", instituída no Atheneu pela Lei n° 395, de 16 de dezembro de 1915. Luís da Câmara Cascudo, em artigo publicado na *Revista da Academia Norte-rio-grandense de Letras* em 1955, assim descreve a formação intelectual de Cavalcanti:

> Floriano, discípulo do mestre de Koenigsberg, fôra, logicamente, um leitor de Fichte, de Schelling e de Hegel. Lera outro discípulo dêste último, epígono político tão citado como pouco lido, Karl Marx, e viera para o realismo pessimista de Hartman, especialmente de Schopenhauer, que o fez admirar e para a poesia convulsa de Nietzsche. Curiosamente os pessimistas desencantaram Floriano, leitor de Renouvier e de Pillon. A claridade lógica ia empurrando o negativismo estéril para as simples anomalias culturais. (Cascudo, 1955, p. 274)

O primeiro espaço educacional natalense a constituir um saber psicológico autônomo foi a Escola Doméstica, criada em 1914 pela Liga de Ensino do Rio Grande do Norte, instituição privada generosamente subsidiada pelo governo do Estado. A Liga de Ensino, criada em 23 de julho de 1911, tinha como grande idealizador o intelectual e político Henrique Castriciano.

Na sessão solene de instalação da Liga, Castriciano proferiu a sua famosa conferência "Educação da mulher", em que resumia o seu pensamento acerca do assunto. Segundo ele, somos uma nação sem disciplina e, para realizarmos mudanças realmente efetivas, será necessário enfocar a família, de onde sai o homem para a escola e para a sociedade. A mulher tem um papel decisivo na educação humana, precisando, entretanto, de uma formação cultural adequada para desempenhar com competência essa tarefa. A educação doméstica é uma ciência que "pede conhecimentos, intuição clara da vida em seus múltiplos aspectos, pois o ser humano [...] precisa defender-se de tudo, principalmente de si mesmo" (Castriciano, 1993, p. 293).

Concordando com Afrânio Peixoto (de quem era amigo), Castriciano afirma que a mulher é melhor educadora da primeira infância do que o homem:

> Ninguem como ellas entende a alma infantil, esse conjunto delicado de sentimentos em evolução e de idéas que despontam, com o assombro da alma accordando aos poucos para as duras realidades da vida. As mães seriam as melhores educadoras: desgraçadamente, porem, ninguém pensa nisso e sem cultura a missão dellas ficará incompleta. (Castriciano, 1993, p. 304)

Castriciano também compartilha a crença de que a educação transformará o Brasil. As "nobres qualidades" da sub-raça brasileira não foram melhoradas pela educação, segundo o pensador potiguar, simplesmente porque a elite dirigente brasileira, "em vez de estudar as aptidões do povo, a sua capacidade, o seu estado mental, divorciou-se delle desde o começo, deixando-o ao desamparo, analphabeto ou sob regime desnacionalizador de imitações funestas" (Castriciano, 1993, p. 306).

O homem brasileiro, de acordo com o escritor norte-rio-grandense, tem uma vontade resistente, embora desordenada. É preciso "robustecer, disciplinar essa vontade, habitual-a à energia continuada, com objetivo lógico e racional. Precisamos dar consciencia, por meio da educação, a essa collectividade heróica e desgraçada que se arrasta pelo interior do paiz, especialmente pelo desditoso norte" (Castriciano, 1993, p. 306).

O Instituto de Puericultura da Escola Doméstica, fundado em 1919 por Varela Santiago, ofereceria o primeiro curso de puericultura ministrado no Rio Grande do Norte. O programa abrangia desde o nascimento da criança até o fim da primeira infância. Seu conteúdo era o seguinte:
Puericultura: cuidados aos recém-nascidos. Peso e temperatura. Alimentação. O berço e os vestidos. Vacinação. Dentição. Higiene da pele, da boca, do nariz, da garganta, dos olhos, dos ouvidos; cuidados em casos de acidentes. O choro, a palavra, o andar, o nervosismo das crianças. Psicologia experimental aplicada à educação infantil.

Adauto Câmara, em artigo publicado no jornal *A República* de 25 de maio de 1928, exalta o curso de puericultura da Escola Doméstica:

> A Escola Domestica de Natal, há 10 annos, mantem um pavilhão de puericultura, a que se recolhem creanças de tenra idade, para que as alumnas obtenham os conhecimentos que não podem faltar à formação de uma futura mãe. Acompanhando o desenvolvimento das creanças, e cuidando de sua saúde, as educandas fazem um curso de puericultura pratica, que grandes vantagens lhe trará na vida. A diffusão dessas noções nas nossas escolas primarias acceleraria a execução de um vasto programa de educação sanitaria, adstricto, por enquanto, á capital. (Câmara, 1928, p. 1)

A Escola Doméstica, portanto, inovava a educação norte-riograndense ao introduzir a psicologia experimental, estudada no laboratório de puericultura, com ênfase na aplicação desse conhecimento ao desenvolvimento infantil, podendo ser considerada como a instituição mais importante para o desenvolvimento de uma cultura psicológica. De acordo com Eulália Barros (2000), no período de 1923-1925 é implantada a disciplina Psicologia

Pedagógica, que estudava os principais temas da psicologia geral: cognição, volição, percepção, memória e pensamento. O programa completo da disciplina era o seguinte:

> A criança: seu desenvolvimento físico e mental. Organização nervosa. Glândulas de secreção interna. Sentidos, memória, atenção, imaginação. Temperamento, vontade, caráter. Reações sensoriais, motrizes e emotivas. Aparecimento e desenvolvimento da linguagem; expressão lúdica. Desenvolvimento lógico. Testes mentais e pedagógicos. Escalas psicométricas. Educação: objetivo, fatores, meios, agentes, necessidade. Noções de educação física positiva e negativa. Escola e família: a harmonia que deve existir na ação de ambas. Fatores. Dificuldades. A formação dos hábitos. A ética prática. Da educação moral. Fases. Religião. Sentimento religioso. A formação social e cívica da mulher. A influência da escola. Educação estética: o belo. Como deve a mãe promover a educação de seus filhos. Respeito à liberdade da criança.

Com esse programa, a inserção do discurso psicológico consolidava-se na Escola Doméstica, encerrando a fase em que o futuro em Natal, representado pelas crianças, começava a ser concebido como produto da ação humana. A necessidade de formas mais sutis de controle social, manifestadas principalmente pela educação disciplinadora, e de formas normativas de constituição de subjetividades, é percebida pelos intelectuais ligados às elites dirigentes do Estado, que passam a propor uma nova educação. A construção do futuro começa pela educação da criança. E esta começa pela educação da mulher.

2

Os males do presente: crise social e o discurso psicológico na cidade de Natal após a Segunda Guerra Mundial

No Rio Grande do Norte, a medicina desempenhou um importante papel de regulação da vida social a partir da instalação da República, embora somente na década de 1950 tenha conseguido ampliar seu controle para diversas esferas da vida humana (sexualidade, reprodução, saúde mental etc.). A inserção de um saber *psi* na prática médica nesse contexto ocorre de duas maneiras: primeiro, definindo um comportamento sexual adequado à prevenção de doenças sexualmente transmissíveis (ou, para usar uma expressão antiga e mais poética, doenças venéreas); segundo, através do diagnóstico e do tratamento da loucura e da "anormalidade" (descrita como excepcionalidade) infantil.

O propósito deste capítulo é mostrar como esses dois saberes especialistas, que desempenhavam papéis protagonistas no combate aos males sociais advindos da intensificação do processo de modernização urbana, agiram também como instrumentos de psicologização de questões sociais, preparando (principalmente a medicina, como veremos no último capítulo) o terreno para profissionais da psicologia.

a) **Da higiene da cidade à higiene da alma: a consolidação do poder médico na organização da cidade e da subjetividade em Natal**

No Brasil, a proclamação da República vincula-se ao surgimento de uma geração de intelectuais que enfatizava a importância do saber científico para a resolução dos males nacionais. O saber médico ganha relevância na produção de conhecimento da nossa realidade e, principalmente, na sua transformação.

Em Natal, a presença médica não era expressiva na República Velha, apesar de alguns políticos, como Pedro Velho, terem essa profissão. Apenas muito lentamente os médicos foram exercendo uma significativa influência na gestão da cidade.

A primeira tentativa de intervenção da classe médica no espaço urbano de Natal é a passagem de Manuel Segundo Wanderley, em duas ocasiões, como inspetor de Higiene Pública. Na primeira vez, durante o governo de Ferreira Chaves (1896-1900), ele – de acordo com Cascudo (1999) – apresentou um plano sanitarista para a área urbana de Natal que propunha a remoção do matadouro e a mudança do Lazareto da Piedade (destinado a abrigar toda sorte de indigente que o procurasse, mas servia também para isolar as pessoas contaminadas por uma epidemia de varíola), entre outras medidas. Esse plano não foi efetivado, limitando-se a Inspetoria de Higiene Pública a intervir na prevenção de doenças (Oliveira, 2000).

No segundo governo de Alberto Maranhão (1908-1913), período considerado como a *belle époque* natalense, o médico potiguar Manuel Segundo Wanderley assume novamente o cargo de Inspetor de Saúde Pública. Propõe então uma série de medidas para organizar a cidade, tais como a exigência de apresentação prévia à inspetoria, para exame, de projetos de construção de edifícios públicos ou privados, e a nomeação de funcionários para fiscalizar os edifícios da Cidade Alta e da Ribeira, com o objetivo de observar as condições higiênicas e sanitárias daquelas edificações.

Wanderley também reestruturou o sistema hospitalar da cidade com a construção, fora da área urbana de Natal, do Hospital Juvino Barreto e do Isolamento de Tuberculosos São João de Deus.

Entretanto, somente na década de 1920, com a discussão em torno da sífilis, é que o saber médico desempenha um papel mais importante na gestão da cidade.

O conceito de sífilis passa por uma significativa mudança no início do século XX. Ela se manifestava de tantas formas diferentes que parecia não ser uma doença, mas um princípio gerador de doenças. Outras questões aparecem vinculadas ao problema dessa doença venérea.

Gilberto Freyre, em *Casa grande & senzala* (2000), comenta que a miscigenação e a sifilização começaram juntas a formar o povo brasileiro:

> De todas as influências sociais talvez a sífilis tenha sido [...] a mais deformadora da plástica e a mais depauperadora da energia econômica do mestiço brasileiro. [...] Costuma-se dizer que a civilização e a sifilização andam juntas: o Brasil, entretanto, parece ter-se sifilizado antes de se haver civilizado. Os primeiros europeus aqui chegados desapareceram na massa indígena quase sem deixar sobre ela outro traço europeizante além das manchas de mestiçagem e de sífilis. (Freyre, 2000, p. 119)

A superação da sífilis, portanto, poderia mostrar que o homem brasileiro não era um ser constitucionalmente inferior, resultante da mestiçagem, mas vítima de uma doença que impedia o desenvolvimento de sua potencialidade. Segundo Carrara (1996), a sífilis, a partir de 1920, foi considerada como principal responsável pela degeneração da raça brasileira, o que levou alguns médicos a abraçarem a luta antivenérea como elemento de salvação ou, para usar o termo da época, de regeneração da raça.

A sífilis, portanto, teve um valor estratégico para a elite intelectual brasileira. As características hereditárias da sífilis, somadas à crença de que sua difusão no Brasil devia-se ao excesso sexual dos brasileiros, contribuíram expressivamente para que a reflexão sobre a degeneração racial se deslocasse do problema da miscigenação para o da patologia sexual.

No Rio Grande do Norte, a preocupação com a sífilis também se evidencia no início da década de 1920. O Decreto nº 137, de 28 de março de 1921, dedicado especificamente à sua profilaxia, foi transcrito no número nove, tomo XIII, de setembro de 1921, do *Office Internacional d'Hygiene Publique*, publicado em Paris.

O esforço para o aperfeiçoamento da raça resulta de uma nova mentalidade que procura superar o estigma da degerescência supostamente produzida pela mestiçagem, afirmando que os males que afligem a raça brasileira não são estruturais, mas conjunturais e passíveis de serem sanados através de investimentos em saúde e educação. O futuro da raça é o que está em jogo na luta antivenérea e mesmo um Estado pobre como o Rio Grande do Norte não poderia se ausentar dessa campanha cívica de regeneração racial.

O Decreto nº 196, de 11 de janeiro de 1932, definiu pela primeira vez as práticas médicas de atenção à saúde da mulher, como também regulamentou a ação das parteiras "curiosas":

> Art. 298. O serviço de higiene pré-natal destina-se a velar pela sorte da criança antes de seu nascimento por meio de cuidados ás mulheres em período de gestação e cautellas previas sobre o parto.
> Parágrafo único. Os primeiros cuidados aos recém-nascidos fazem parte igualmente do serviço pré-natal.

Art. 299. Todos os trabalhos relativos á higiene pré-natal serão baseados nas instruções e normas criadas pelo Departamento de Saúde Pública e orientados essencialmente:
a – por um dispensário para gestantes;
b – pela instrucção, auxílio e fiscalização das parteiras "curiosas".
Art. 300. No Centro de Saúde de Natal funcionará um serviço ambulatório destinado ao exame minucioso, registo, cuidados e conselhos ás mulheres grávidas as quaes alli se apresentarão espontaneamente ou serão encaminhadas pelos seus médicos assistentes, parteiras ou pelas enfermeiras visitadoras que farão a necessária propaganda.
Art. 301. As parteiras "curiosas" de acordo com o art. 66 deste Regulamento serão atrahidas ao Centro de Saúde ficando alli matriculadas para os efeittos de fiscalização, auxilio e instrução.
§ 1º Deverá ser matriculado o maior número possível de "curiosas", sendo gradativamente desenvolvido pelas enfermeiras visitadoras o trabalho de procura e indicação de modo a evitar que escapem aquella á fiscalização da Saúde Pública.
§ 2º Uma vez matriculada, assumirá a parteira para com o Centro compromissos a que não poderá faltar, sob pena de ser punida com a sua suspensão ou eliminação.
Art. 302. Os compromissos a que se refere o paragrapho anterior são principalmente:
a – trazer ao Centro para serem examinadas e registadas as suas clientes em período de gestação;
b – freqüentar com assiduidade as reuniões semanaes do Centro em que receberão licções theoricas e praticas dadas pelos médicos ou enfermeiras e relativas á arte de partejar com higiene e technica;
c – cumprir com exatidão as determinações que lhe forem dadas com referencias aos cuidados hygienicos e a tecnhica dos partos.
Art. 303. Cada parteira é obrigada a possuir avental e um pequeno estojo composto de thesoura e escova de unhas e uma thesoura cirúrgica. Por ocasião dos partos o departamento poderá fornecer um "envelope obstetrico", contendo gaze esterelizada, fio de seda

para umbigo, algodão, atudura, bisnaga de cera com a solução de nitrato de prata e um bloco de sabonete.

Art. 304. As parteiras "curiosas" que demonstrarem aproveitamento nas suas relações com o Centro, satisfazendo os compromissos a que se refere o Art. 302, receberão por escripto uma autorização para partejar.

Parágrafo único – Estas autorizações referir-se-ão a cada parto, isoladamente, das gestantes examinadas no ambulatório do Centro ou daquellas que apresentarem attestado de medico particular affirmando estar a gestação no 9° mez, em apresentação cephalica e sem quaisquer contra-indicações ou prováveis complicações.

Art. 305. As parteiras "curiosas" que não satisfizerem aos compromissos assumidos ou se revelarem incapazes de aperfeiçoar a technica, serão eliminadas do Centro, com a intimação expressa de não continuar a partejar, sob a pena de serem autoadas e multadas.

Art. 306. Compete ás enfermeiras visitadoras denunciar todas as infracções, assim como verificar, em domicilio, nas vésperas dos partos, se estes serão cercados dos requisitos exigidos.

Art.307. As gestantes poderão comparecer ao Centro de Saúde em qualquer epocha da gravidez, não o deixando, porem, de fazer no 9° mez até que sejam consideradas promptas para o parto.

Art.308. Toda vez que a gestante comparecer ao Centro, será feita, a juízo do medico, a pesquisa de albumina na urina e sua dosagem quando houver conveniência; as reacções sorológicas destinadas ao diagnóstico da sífilis serão também freqüentemente praticadas, a juízo do medico.

Art. 309. Havendo necessidade de qualquer tratamento especial (syphilis, tuberculose), será a gestante matriculada no serviço respectivo.

Com essa citação terminamos de descrever como o saber médico passou a controlar os corpos de homens e mulheres, inclusive no que diz respeito a funções como a cópula, a reprodução e o nascimento de crianças. Falta-nos descrever como o conhecimento médico passou a ter o monopólio no diagnóstico e no cuidado daqueles considerados mentalmente enfermos.

No Rio Grande do Norte, o ano de 1882 é marcado pela criação do Lazareto da Piedade do Natal, destinado a abrigar toda sorte de indigente que o procurasse, mas servia também para isolar as pessoas contaminadas por uma epidemia de varíola.

Em 1911, o lazareto é transformado no "Asilo da Piedade", mantendo, contudo, inalterada sua precária estrutura física. O psiquiatra Douglas Sucar relata:

> Durante todo o ano de 1911, o "Asilo da Piedade" passou a receber os primeiros "insanos", que lá ainda iriam encontrar indigentes de toda a espécie, alguns com doenças infecciosas, principalmente tuberculosos, e outros que eram mendigos ou marginais [...]. O internamento era feito por ordem de um juiz, de um delegado, por ordem de pessoas influentes na sociedade da época. Sem que nenhum ato médico procedesse à sua admissão, e que ao menos configurasse a validade científica do internamento, ao menos para dar ao ato as feições solenes da verdade. (Sucar, 1993, p. 26-27)

O atendimento médico regular somente seria prestado em 1916, por um clínico geral. O crescimento das internações passou a ser espantoso. De 1911 a 1920 foram contabilizadas 994 internações, 420 altas e 201 mortes, sendo que o número de internos ultrapassou o número de leitos já a partir de 1917.

Em 22 de abril de 1921 é realizada a primeira reforma da instituição, através do Decreto 141, que elaborou um regulamento e mudou o nome da instituição para Hospício de Alienados.

Alguns artigos do decreto merecem uma análise mais detalhada. O artigo primeiro, por exemplo, expressa o objetivo da instituição: "Prestar assistência médica, gratuitamente ou mediante retribuição, aos indivíduos de ambos os sexos que, sofrendo das faculdades mentais, precisam ser internados, sobretudo para a garantia da ordem e segurança públicas". A assistência médica, portanto, não ocuparia o centro dos interesses da instituição, que continuaria privilegiando sua função de excluir os marginalizados da cidade.

Apesar disso, o regulamento atribui uma expressiva importância ao médico. Embora sem exclusividade na deliberação dos internamentos, o médico (diretor do hospício, chefe das clínicas, etc.) passou a exercer um papel relevante no controle das internações, como se pode observar no artigo 15:

> Para admissão de qualquer indivíduo que manifeste desordens mentais é indispensável que a sua apresentação seja acompanhada de guia da diretoria de higiene, da repartição central da polícia, ou autorização escrita do diretor do estabelecimento. Quando for apresentado algum louco no Hospital Juvino Barreto, o respectivo chefe das clínicas o enviará diretamente ao hospício com a guia assinada contendo, em anexo, informações minuciosas que evidenciem o fato. A matrícula só poderá ser feita 15 dias ou mais após a entrada. A admissão de pensionistas será feita mediante requerimento ao diretor ou requisição da autoridade competente, se for empregado público, ou oficial do Batalhão de Segurança ou do Esquadrão de Cavalaria. O requerimento pode ser feito pelo cônjuge ou parente do doente.

O governo federal, através do Decreto 24.559, regulamentava a assistência, a proteção e a fiscalização dos serviços psiquiátricos. Para se adequar ao referido decreto, o Hospício de Alienados, em 1934, passa a se chamar Hospital de Alienados, devendo ser administrado por um médico especializado em psiquiatria. Em 1936, chega a Natal o psiquiatra Vicente Fernandes Lopes, primeiro especialista em psiquiatria a residir no Rio Grande do Norte.

Conforme Douglas Sucar (1993), suas principais contribuições foram a construção de um pequeno necrotério, camisas de força, tratamento com duchas e choques térmicos, que se acrescentavam aos tradicionais castigos, confinamento em celas e a formação de abscessos através de injeções de terebentina.

A partir da segunda metade do ano de 1936, o dr. Vicente Lopes seria substituído por um jovem psiquiatra natalense, João da Costa Machado, oriundo de Recife e aluno do eminente psiquiatra recifense Ulisses Pernambucano.

Ao assumir o cargo de diretor do Hospital de Alienados, a primeira providência do dr. João Machado foi redigir o ofício nº 151, de 2 de julho de 1936, ao diretor do Departamento de Saúde Pública. Esse ofício é considerado um marco na história da psiquiatria norte-rio-grandense, justamente por propor uma série de reformas no serviço de assistência psiquiátrica.

O dr. João Machado teria uma importância decisiva na consolidação da psiquiatria norte-rio-grandense como um saber competente para a gestão das questões sociais mediante seu parecer num processo de anulação de casamento devido à existência de doença prévia desconhecida. Em 1953 ocorreria o primeiro caso de anulação de casamento por motivo de doença mental na capital potiguar.

O que estava em questão era se a senhora Célia Guedes dos Santos era portadora de "moléstia grave" e transmissível por herança, capaz de pôr em risco a saúde da sua descendência, o que, de acordo com o Artigo 219, número III do Código Civil, justificaria a anulação de casamento pleiteada por seu esposo.

Assim se refere ao parecer do dr. Machado o juiz Oscar Homem de Siqueira:

> Pelo laudo de fls. 10 se verifica que a ré, antes do casamento, já era portadora de uma psiconeurose aparentemente instalada aos doze anos de idade e de raízes ainda mais remotas e com tendências a

cronificar-se e tornar-se permanente. No laudo de fls. 49 a 54, o douto psiquiatra doutor JOÃO DE COSTA MACHADO faz um estudo erudito sobre a moléstia da paciente, terminando por afirmar que a ré era portadora de uma psicopatia constitucional (psiconeurose) de prognóstico positivamente reservado, susceptível de transmissão hereditária. No laudo de fls. 60, respondendo a quesitos suplementares que lhe foram propostos, afirma o mesmo psiquiatra:
"1) o desajustamento da paciente é primário, pois tem origem numa disposição congênita, condicionante da constituição psicopática.
2) A psiconeurose é doença funcional; a ciência médica ainda não reconheceu base orgânica em psiconeurose.
3) O exame da paciente apenas revelou estado psiconeurótico.
4) Atribui-se o estado da paciente a uma disposição mórbida constitucional, responsável pela inadaptabilidade e agravando-se pelos desajustamentos supervenientes.
5) O exame da paciente revelou sintomas psiconeuróticos de suma gravidade; a descendência, principalmente além de poder herdar a constituição psicopática sob formas variadas, está predisposta aos riscos de contágio mental e aos efeitos nociptivos do lar desarmônico."

E mais adiante:

"I) É grave o estado psiconeurótico de Cecília ou Célia Guedes dos Santos, pondo em risco a formação genotípica e fenotípica da prole".

O juiz Oscar Siqueira somente precisaria avaliar se o cônjuge de Célia dos Santos, ao consentir na realização do casamento, desconhecia o estado de saúde dela. Também nesse caso o juiz se fundamentou em informações médicas, como mostra sua sentença:

A esse respeito, convém salientar a informação prestada pela própria ré ao médico da Divisão médico-hospitalar do Ipase, em 1949 (doc. Fls. 9), onde declara que "é noiva e o seu atual estado de saúde é ignorado pelo noivo, situação esta que lhe causa muita preocupação". Aliás, essa boa-fé deve ser presumida, pois, seria ilógico que um homem normal ligasse o seu destino, conscientemente, a uma psicopata, criando para si uma situação aflitiva e ameaçadora à saúde da possível prole e, como já se decidiu em caso idêntico, "essa presunção deve, soberanamente, prevalecer, enquanto não ilidida".

Restava apenas uma questão: o curador do vínculo, o dr. Oto Guerra, defendia a improcedência da ação, fundamentado no fato de que as leis da hereditariedade não asseguravam a certeza da transmissão da psiconeurose à prole do casal. Mais uma vez, o juiz fundamenta sua avaliação no laudo do dr. João Machado:

> Não procede a alegação do doutor curador do vínculo, durante os debates, de que "insistia pela decretação da improcedência da ação, atendendo a que leis da herança não permitem afirmações categorizadas no sentido de profetizar com segurança que a descendência do casal seria fatalmente portadora da psiconeurose", mesmo porque a lei não exige essa certeza, mas apenas que a moléstia seja "capaz de pôr em risco a saúde do outro cônjuge ou de sua descendência" e isso foi assegurado categòricamente pelo perito que, em laudos precisos, forneceu elementos bastantes para justificar uma decisão justa.

A decisão do juiz de anular o casamento obrigou o subprocurador geral do Estado, o bacharel Anselmo Pegado Cortez, a elaborar um parecer para orientar o Tribunal de Justiça do Estado na avaliação da sentença proferida em primeira instância. O parecer do subprocurador oferece um bom exemplo de como era avaliado o artigo 219, número III do Código Civil e de como a ciência passou a pautar as decisões a respeito da gestão da vida humana. Assim o jurista comenta a referida lei:

A solução adotada pela legislação pátria reside em motivos de Eugenia. Inspirou-se nos princípios da Moderna Genética, após as conquistas de MENDEL, precedido por WEISMANN e outros notáveis cientistas. E outro não poderia ser o critério do legislador. Si uma das finalidades do casamento é a procreação de filhos, com a obrigação de educa-los e, ainda, si o Estado tem por base a Sociedade, esta á Família, a qual, por sua vez, assenta no Casamento – não seria justo que o legislador fizesse *tabula raza* das leis da hereditariedade, ao regulamentar o matrimônio indissolúvel e as condições de sua validade. [...] Inegavelmente, tem fundo social e patriótico, dos mais louváveis, o art. 219, III, do Código Civil. De parte esse interêsse de ordem pública, restaria ainda assim, o perigo que correria a saúde do cônjuge, si adotadas as sugestões apresentadas por alguns eugenistas [...] Algumas delas, nos países que, como o Brasil, adotam o vínculo matrimonial indissolúvel, só teriam aplicação aos casos de união genésica fora do casamento. A esterilização, os métodos de contracepção, por exemplo, estão nesse caso. Resolveriam o aspecto social do problema, mas deixariam insolúvel o conjugal. O marido ou o outro cônjuge correria o risco de, a qualquer momento, sofrer, física e talvez mentalmente, as conseqüências do desajuste psíquico de seu comparte de conúbio, si a lei não lhe permitisse pedir a anulação do contrato.

Para o jurista potiguar, o que estava em jogo era a saúde da raça, o futuro da nação. O enfrentamento dos males do presente era essencial para a construção de um futuro melhor. O Estado deveria assumir sua responsabilidade de gerir a vida das pessoas, auxiliado por uma ciência capaz de definir o que fazer. Em suas palavras:

> O que seria de uma nação composta, em grande parte, de desajustados mentais ou mesmo de pessoas portadoras de constituições psicopáticas? Se não houvesse um freio para a reprodução dessas

creaturas, o que seria de um povo, ao cabo de algumas gerações? Simplesmente uma gente fadada ao extermínio, pela incapacidade de progredir, de inspirar confiança, de refletir e raciocinar com segurança, de encontrar solução para os seus problemas internos e externos, enfim, incapaz de se governar! A lei é sábia: preveniu o mal. Para os casos impressionantemente dolorosos como o dos autos, a solução deve ser outra que não o casamento. O amparo a essas pessoas [...] deve constituir um encargo do próprio Estado, devendo ser proporcionado á altura da dignidade humana. Certamente, em cada caso concreto, a Ciência deverá dizer si é possível a vida conjugal sem perigo para o outro cônjuge. Isto, para que seja tentada a recuperação individual, ao menos, evitando-se, porém, a constituição de prole.

Em 1948 cria-se, na capital potiguar e vinculado ao Serviço Nacional de Doenças Mentais, o Ambulatório de Higiene Mental, tendo como inspetor o psiquiatra João Machado. O governo do Estado, por sua vez, já propusera a criação de ambulatórios através do Decreto-Lei n° 526, de 1° de março de 1946, que normatizava a assistência psiquiátrica no Rio Grande do Norte e tratava das questões médico-sociais que diziam respeito à higiene e profilaxia mental (Silva, 1989). O decreto também criava um serviço de assistência a psicopatas, que envolvia a construção de um hospital colônia para doentes agudos e crônicos e uma rede de ambulatórios para nervosos e "psicopatas" leves, além de propor a construção de um instituto de neuropsiquiatria infantil e de um manicômio judiciário.

Na prática, contudo, o decreto não foi executado. O hospital colônia somente seria inaugurado, parcialmente construído, em 1957. As demais medidas nunca saíram do papel, com exceção do manicômio judiciário que, com o nome de Hospital de Custódia, seria construído em 1998.

Em abril de 1955, quando os problemas com os deficientes mentais começavam a inquietar a crescente classe média de Natal, um grupo de comerciantes, tendo à frente os psiquiatras Paulo Dias e Severino Lopes, criou a Clínica Pedagógica Heitor Carrilho.

Em 1958, a Clínica Heitor Carrilho ofereceu um curso de extensão universitária intitulado "Introdução à Psiquiatria e Psicologia Clínica", cujas aulas foram ministradas pelos professores Severino Lopes e Aldo Xavier e pelo psiquiatra baiano Manuel Guerreiro. O programa do curso era o seguinte:

1 – Psicologia – ciência, filosofia, histórico, divisão, objetivo.
2 – Aparelhos psíquicos e sua formação.
3 – Psicologia fisiológica.
4 – Caracteres da psicologia – consciência, personalidade, temperamento, vontade, afetividade, expressão, inteligência, pensamento, comportamento humano e atenção.
5 – Psicoterapia.
6 – Estados e mecanismos hipnóticos.
7 – Herança em psiquiatria e causa das doenças mentais.
8 – Distúrbios da percepção.
9 – Semiologia da inteligência.
10 – Perturbações da vida instintiva – Biotipologia.
11 – Praxiterapia (terapêutica através do trabalho).
12 – Psicotestes.

Ainda em 1958, já então diretor da clínica, o psiquiatra Severino Lopes visitou os Estados do Rio de Janeiro e de São Paulo, procurando conhecer instituições semelhantes à Clínica Heitor Carrilho. No mesmo ano, a professora Maria Pires, do quadro da clínica, fez um curso na Sociedade Pestalozzi do Rio de Janeiro.

Severino Lopes foi também responsável pela criação da primeira instituição psiquiátrica privada do Estado do Rio Grande do Norte. A Casa de Saúde Natal, fundada em 1º de junho de 1956, era mantida por uma sociedade civil formada por três sócios, todos psiquiatras: Aldo Vieira Xavier da Costa, Otto Júlio Marinho e Severino Lopes da Silva.

Em 29 de janeiro de 1958, a sociedade civil mantenedora foi extinta, ficando a Casa de Saúde de Natal sob a responsabilidade do seu único proprietário, Severino Lopes da Silva.

A clínica recebia clientes pensionistas, além de conveniados do Instituto de Aposentadoria e Pensões dos Industriários, Caixa de Aposentadoria e Pensões dos Ferroviários, Instituto de Aposentadoria e Pensões dos Bancários e funcionários dos serviços públicos estaduais (Campos, 1959).

O tratamento constituía-se de: "semi-hibernação" artificial (convulsoterapia, cardiazol, eletrochoque), fiamberti, aceticolino endovenenoso, tratamento insulínico, anti-histamínico, além de sessões de narcoanálise.

A modernização da psiquiatria natalense, portanto, ocorre através da Casa de Saúde Natal, que introduz o que o historiador canadense Edward Shorter (1997) chamou de psiquiatra biológica, concepção marcada pela influência do positivismo na medicina.

Em 1963, conforme a Lei nº 3.849, de 18 de dezembro de 1960, Severino Lopes cria a disciplina de Psicologia Médica no curso de Medicina da Universidade Federal do Rio Grande do Norte, fundado em 1955. Influenciado por Maurício de Medeiros, Lopes propõe uma disciplina marcada pelas ideias de autores alemães como Kraepelin, Schneider e Jaspers. O currículo era o seguinte: "Conceito de Psicologia; Conceitos básicos: inteligência, instintividade, linguagem, pensamento, temperamento; Técnicas de abordagem; Aplicações da Psicologia: educação e indústria; Escolas psicológicas: Reflexologia, Associacionista, Psicanálise, Gestalt e Fenomenologia".

A partir de 1973, o psiquiatra Eduardo Afonso Júnior, que fizera especialização no Rio Grande do Sul (UFRS), assume a disciplina e introduz uma discussão mais sistemática das ideias psicanalíticas, incluindo o estudo da obra de Melanie Klein e aprofundando a compreensão dos escritos de Freud. Considerado o primeiro psiquiatra dinâmico de Natal, Afonso Jr. iria posteriormente introduzir, através da disciplina "Psicanálise", o estudo da obra de Melanie Klein também no curso de Psicologia da UFRN.

Assim, após analisar o desenvolvimento da medicina em Natal, conclui-se que o saber médico conseguiu legitimidade para diferenciar o normal do patológico e, principalmente, legitimou-se como prática capaz de transformar o patológico em normal. O saber médico foi o primeiro saber especialista em Natal a ser utilizado para gerir a vida das pessoas, através do controle dos corpos doentes e das mentes deficientes e/ou insanas.

b) O "mal-estar" na urbanização: a crise social e o surgimento da cultura psicológica em Natal

A modernização urbana ocorrida em Natal no início do século XX visava a expor o prestígio de sua elite e a desenvolver o comércio. As reformas não pretendiam atender a uma demanda socioeconômica da população e ainda produziam efeitos destrutivos sobre costumes antigos. O poeta Gothardo Neto (1881-1911) percebeu isso em sua crônica "O Natal antigo", publicada postumamente em 1916:

> Saudoso Natal dos tempos antigos!
> Com que suave tristeza relembramos o encanto dos teus folguedos, a afetividade das tuas expansões e, sobretudo, a piedosa sinceridade das tuas festas!
> [...] O Natal de hoje é apenas um vestígio apagado de extintas eras, dessas eras felizes que ainda revivem na saudade da velhice...

> As correntes da civilização, empolgantes e dominadoras, vão transformando tudo. Os próprios folgares do povo, as doces convivências familiares, apresentam um aspecto que nada tem de comum com o espírito das nossas tradições. (*apud* Soares, 1999, p. 124-125)

O perspicaz Manuel Dantas, em crônica de 1929, era menos melancólico:

> Até certo ponto, a cidade moderna não quer saber das tradições. Se não fosse o nosso espírito altamente cathólico, as procissões também já teriam sido prohibidas. A alma da cidade não tem religião. É uma alma vaga, amorpha, que só cede diante da razão cega da utilidade pública...
> Tudo isto está certo. Não seremos nós que havemos de forçar o espírito dos tempos. Nem nos podemos collocar no papel dos Jeremias lamurientos, chorando as devastações que o modernismo produz nas coisas que só se justificavam em face de um passado hoje inútil. A cidade que quer crescer, ser forte, inclue, nos tributos que paga, que hoje lamentamos, mas que o aceitamos, [...] o adeus de um mundo que cede seu lugar, em face das exigências novas de um imperativo destruidor, que não respeita, que não pode respeitar, as tradições e as lembranças do nosso passado. (*apud* Soares, 1999, p. 125-126)

O grande pensador alemão Karl Marx, no *Manifesto comunista* (1996), escrito com Friedrich Engels, fez uma brilhante análise da dinâmica capitalista, movida pela ação da burguesia:

> A revolução constante da produção, os distúrbios ininterruptos de todas as condições sociais, as incertezas e agitações permanentes distinguiram a época burguesa de todas as anteriores. Todas as relações firmes, sólidas, com sua série de preconceitos e opiniões antigas e veneráveis, foram varridas, todas as novas tornaram-se antiquadas antes que pudessem ossificar. Tudo o que é sólido desmancha no ar,

> tudo o que é sagrado é profanado, e o homem é, finalmente, compelido a enfrentar de modo sensato suas condições reais de vida e suas relações com seus semelhantes. (Marx; Engels, 1997, p. 13-14)

De acordo com Marshall Berman (1986), Marx descreve o processo de modernização da sociedade ocidental na primeira seção do "Manifesto", intitulada "Burgueses e proletários". O aspecto saliente da análise de Marx é a constatação do surgimento de um mercado mundial. Por mais paradoxal que pareça, Marx elogia os feitos da burguesia: ela liberou forças produtivas de intensidade sem correspondência nas gerações precedentes, sua expansão criou grandes cidades e impôs a cultura urbana e o poder estatal. A produção em grande escala demandou novos mercados. O mais importante, porém, é que a revolução burguesa criou uma nova forma de personalidade.

> A burguesia [...] pôs termo a todas as relações feudais, patriarcais e idílicas. Desapiedadamente, rompeu os laços feudais heterogêneos que ligavam o homem aos seus "superiores naturais" e não deixou restar vínculo algum entre um homem e outro além do interesse pessoal estéril, além do "pagamento em dinheiro" insensível. Afogou os êxtases mais celestiais do fervor religioso, do entusiasmo cavalheiresco, do sentimentalismo filisteu nas águas geladas do calculismo egotista. Converteu mérito pessoal em valor de troca. E, no lugar de inumeráveis liberdades privilegiadas irrevogáveis, implantou essa liberdade única, inescrupulosa, mercado livre. (Marx, 1997, p. 12)

Um indivíduo sem laços, sem raízes e avaliando tudo em função do lucro possível, eis o novo homem engendrado pelo capitalismo. Embora chocado com o niilismo burguês, Marx, de acordo com Berman (1986), acredita que a consequência precípua de um livre mercado é a possibilidade de circulação de novas ideias, da qual o movimento operário pode tirar proveito. Somadas a isso, as imensas unidades de produção reúnem um grande número de trabalhadores, forçando-os à integração. Seus laços comunitários, gerados involuntariamente pelo modo de produção capitalista, desenvolver-se-ão em instituições políticas que derrubarão a estrutura privada do sistema capitalista de produção.

Em Natal, a primeira expressão intelectual de apoio ao proletariado foi a publicação do artigo anônimo "Em favor do operário" na edição de 25 de janeiro de 1893 do jornal *Rio Grande do Norte*, fundado naquele ano. Seus redatores eram Amorim Garcia, José Gervásio e Amynthas Barros. O artigo descreve as condições de trabalho dos operários da Fábrica de Fiação e Tecidos, única da cidade, fundada em 21 de julho de 1888 por Jovino Barreto:

> Por toda parte com a carestia crescente de vida, o salário do operário tem aumentado numa proporção equivalente. Só aqui em Natal, os que concorrem com o esforço de seus braços para engrossar os capitais dos monopolizadores não tiveram ainda essa compensação... É impiedosamente ínfimo, evangelicamente descaridoso e mesquinho o pagamento que ao operário faz-se na fábrica de tecidos, nesta capital. [...] enquanto um operário ganha numa semana, trabalhando 12 horas por dia, 8$000, o Sr. Jovino Barreto ganha líquido e livre de todas as despesas 122$151 réis. [...] Calcule-se agora esse lucro por semana sobre 100 ou 200 operários e admiremos que fabulosos lucros por semana arrancados sobre o trabalho do operário, que tem uma paga miserável, como remuneração ínfima de suas energias despendidas. [...] agremiem-se os operários, deleguem poderes a uma comissão para defender seus interesses, acautelar seus direitos perante os que se utilizam de seus serviços, e conseguirão uma remuneração justa, proporcional ao seu trabalho. (*apud* Souza, 1989, p. 86-87)

Ofendido por esse artigo, Jovino Barreto obrigou seus operários a fazerem um abaixo-assinado, publicado no jornal *A República* de 28 de janeiro de 1893. O operário João Narciso Ferreira foi demitido da fábrica porque se negou a assinar o documento.

A classe operária natalense, contudo, mudaria de postura. Em 1923, uma greve dos estivadores de Natal terminou paralisando toda a cidade. Os operários da fábrica de tecidos também pararam, em solidariedade ao movimento dos estivadores.

Um dos fatores dessa mudança foi o surgimento da liderança de João Café Filho, que conquistou a confiança da classe operária ao organizar vários sindicatos na cidade.

O governador José Augusto de Medeiros, empossado em 1924, tentou conter a influência de Café Filho entre a classe operária, que começava a se organizar em todo o Estado do Rio Grande do Norte. Juntamente com o bispo de Natal, d. José Pereira Alves, e apoiado pela classe dominante, José Augusto passou a subvencionar escolas operárias afinadas com seu ideário político, articulou a eleição do líder operário João Estevam para deputado estadual pelo Partido Republicano Federal, agremiação das elites que dominavam o Rio Grande do Norte desde a proclamação da República, e instalou a "Universidade Popular" de Natal, com apoio do Centro Operário Natalense, em 1º de maio de 1925, cujo programa incluía temas de saúde, moral e educação operária.

Na aula inaugural, d. José Pereira Alves conclamou o operariado a ser pacífico e seguir o exemplo de Jesus. Segundo o bispo, os trabalhadores tinham somente duas alternativas: ou Deus ou a revolução. A educadora Marta Araújo comenta:

> A aliança do governo do Estado com a Igreja e as elites dominantes locais estava articulada na intersecção de inúmeras estratégias de homogeneização cultural, controle ideológico de uma conveniente "harmonia" entre as classes, de reforma moral e de higienização social no cotidiano das cidades; nesse sentido, as "Universidades

Populares" delinearam-se como projeto dominante de moldagem da classe operária contra a influência política, não somente de Café Filho no Estado, mas também das tendências ideológicas socialistas, anarquistas e comunistas que tomavam forma na organização do movimento operário brasileiro. (Araújo, 1998, p. 160)

Essa aliança entre governo e Igreja, durante a administração de José Augusto de Medeiros, antecipa um modelo que será hegemônico durante o Estado Novo. Uma aproximação mais explícita ocorreria nos anos vindouros.

Alguns intelectuais da Igreja, contudo, acreditavam que era preciso oferecer uma resposta aos pressupostos materialistas do pensamento revolucionário. Era preciso desacreditar, no que diz respeito à sua validade científica, o materialismo.

Um dos grandes polemistas católicos natalenses que se dedicou ao trabalho apologético foi o cônego Monte. Ele ingressou no Seminário São Pedro, em Natal, em 1922. Concluiu os cursos de Filosofia e Teologia em 1927, passando a exercer o sacerdócio em Natal. Pensador, cientista e pregador, Monte publicou artigos na imprensa católica. Foi um dos primeiros norte-rio-grandenses a estudar Sigmund Freud, cujos textos em alemão, língua da qual possuía segura fluência, teve a oportunidade de conhecer. Com um discurso que psicologizava os grandes problemas sociais, o cônego Monte ajudou a criar uma cultura psicológica na capital potiguar. No artigo "Palavras à mocidade", de data desconhecida e publicado no primeiro volume da sua antologia (Monte, 1976), o cônego afirmava:

> O homem moderno é um irrealizado. Denuncia em todos os seus atos uma angústia, uma agonia interior resultante de uma desintegração. Vive à espera de alguma coisa [...], pois tudo que aí está é absurdo e fantástico – amarga como fel, queima como vitríolo. [...] Toda a estrutura psicológica do homem moderno está assente

em estratificações de ressentimento, de revolta e de inveja. É um ressentido contra si mesmo, porque não é feliz; contra seus semelhantes, porque parecem usurpar-lhe o direito de ser feliz; contra a civilização, porque, não obstante a promessa imensa de fazê-lo feliz, tornou-o cada vez mais infeliz. (Monte, 1976, p. 13)

O interessante nesse discurso é que Monte aborda o tema do mal-estar na civilização (Freud) e do ressentimento (Nietzsche), a partir de uma perspectiva católica, como no seguinte trecho:

É que a certeza experimental se erigiu em categoria de providência do mundo, presumiu substituir o ato de fé. O "fetiche repelente" do "eu" humano se arvorou em centro do universo. Mas o homem ausente de Deus perde o contato com a realidade interior, funda a tirania do passageiro e do efêmero, o absolutismo do visível e do palpável, em detrimento do real e do eterno. (Monte, 1976, p. 13)

Não poderia haver melhor expressão do mal-estar na modernidade do que esse fragmento. A afirmação do saber científico, a "subjetividade privatizada", o culto do efêmero e do visível são características da modernidade. O texto do cônego Monte procura mostrar a superioridade do humanismo católico sobre o humanismo antropocêntrico. Os dois humanismos, contudo, são muito semelhantes ao postular uma natureza humana imutável e insistir em ignorar os condicionantes materiais da vida humana.

O que os intelectuais católicos não consideram é que o humanismo antropocêntrico é fruto do desenvolvimento econômico burguês. O niilismo do homem moderno, conforme Marx, tem como fundamento a economia de mercado, em que a livre troca se tornou o bem supremo. Descrever os males do homem moderno como produzidos por uma "angústia", "uma agonia interior", é confundir o sintoma com a doença, para usar uma linguagem tão cara ao padre Monte.

Em sua crítica ao materialismo, o cônego Monte utilizava até mesmo as ideias de Freud. Em artigo publicado no jornal *A Ordem*, em 11 de março de 1936, apresentou uma síntese do pensamento freudiano. A introdução é bastante esclarecedora das suas intenções:

> Sob o ponto de vista filosófico, Freud partiu da escola de Wundt. Com ele, o ilustre médico vienense reconhecia nos fenômenos orgânicos um *substratum* imaterial; mas doutrinava que as paixões, o pensamento e os sentimentos poderiam ter, também, um equivalente fisiológico. (Monte, 1976, p. 69)

Monte interpretaria esse *substratum* imaterial como o "espírito": "Freud não escreveu [...] o epitáfio da escola espiritualista. Reviveu [...] a noção de espírito já meio soterrada na onda aluvial da psiquiatria de Kraepelin; chamou a atenção da ciência para os fatos [psíquicos] na gênese das neuropatias" (Monte, 1976, p. 69).

Essa apropriação da obra de Freud não era muito comum entre os intelectuais católicos brasileiros. Em 1929, Tristão de Athayde publicou no periódico carioca *O Jornal* uma crítica a Freud, ligando-o ao desenvolvimento intelectual do século XIX, que objetivava aniquilar a fundamentação filosófica do materialismo.

Athayde vincula Freud ao naturalismo, comparando-o com Nietzsche. Afirma que o individualismo moderno, apesar de apregoar a liberdade e a emancipação do ser humano, na verdade o tem escravizado. O darwinismo, somado ao marxismo, criou um mundo totalmente emancipado do passado, mas, por isso mesmo, sem raízes.

Freud pretende, segundo Athayde, criar um sucedâneo para a religião. A psicanálise, contudo, não é considerada como uma técnica, ao contrário do que pensa o cônego Monte: "Apesar de ser antes de tudo uma técnica de diagnóstico, a psicanálise não deixa de ser de excepcional fecundidade como método de cultura psicanalógica, moral, criminal e até mesmo religiosa" (Monte, 1976, p. 70).

A história das relações entre a psicanálise e a Igreja Católica, no que diz respeito à posição da Igreja, pode ser compreendida com mais clareza a partir da implantação da psicanálise na Itália. Como reação ao que chamou de pansexualismo freudiano, o frade franciscano Agostino Gemmelli, psiquiatra discípulo de Lombroso, aluno de Kraepelin, fundou a Escola de Psicologia Experimental na Universidade Católica de Milão, em 1921. Apoiando-se em Janet, o frei Gemmelli tinha como objetivo construir uma teoria realista da consciência, em oposição clara aos postulados psicanalíticos.

O conflito aberto, contudo, viria com o padre Wilhelm Schmidt, que denunciou a psicanálise como uma teoria nociva, tão responsável pela destruição da família quanto o comunismo. Mas a interpretação do cônego Monte não é incompatível com certa avaliação que o próprio Freud fez da psicanálise. Em carta escrita a seu amigo, o pastor protestante e psicanalista suíço Oskar Pfister, o fundador da psicanálise ponderou:

> A psicanálise em si não é religiosa nem antirreligiosa, mas um instrumento apartidário do qual tanto o religioso como um laico poderão servir-se, desde que aconteça tão somente a serviço da libertação dos sofredores. Estou muito admirado de que eu mesmo não tenha me lembrado de quão grande auxílio o método psicanalítico pode fornecer à cura de almas, porém isto deve ter acontecido porque um mau herege como eu está distante dessa esfera de ideias. (Freud; Meng, 1998, p. 25-26)

Em Natal, porém, a avaliação de Tristão de Athayde servia como modelo de análise. O jornalista e advogado Nilo Pereira, em artigo de 1930, reproduz servilmente os argumentos e até mesmo as palavras do crítico carioca:

> A transição cultural por que vae passando o mundo contemporâneo é apenas o signal evidentissimo de uma insatisfação que, de repetida, já é quase, por assim dizer, uma banalidade. Nada mais natural, em summa, do que essa insatisfação, filha principalmente de dois séculos (o século XIX e o século XX) que endeusaram o alcandorado humanismo de Nietzsche – um philosopho de gênio ousado como ousado foi o seu dogmatismo philosophico – e o pan-sexualismo de Freud, que é a divinização do homem pelo retorno completo á animalidade. (Pereira, 1930, p. 1)

Prossegue, numa passagem toda devedora ao líder católico carioca:

> Ambos, Freud e Frederico Nietzsche, criaram esses dois typos semi-clássicos ou clássicos, cuja estructura psicológica péca pelo arrojo, pela vertigem, pela quase sede de suprema perfeição na humanidade – é o super-homem – e pela vilania moral de que reveste essa humanidade – é o infer-homem – de Freud, abjecto, entregue ao materialismo grosseiro dos sentidos.
> Póde-se dizer que a inquietação moderna tem gerado em torno dessas duas atrevidas criações de dois philosophos igualmente allucinados, um se elevando até a quase glorificação do Homem, o outro baixando á quase completa animalidade e reduzindo, além disso, toda a humanidade ao mais vil e desastrado *pan-egotismo*. (Pereira, 1930, p. 1)

Como resultado dessa inquietação, surgiu o materialismo histórico, que

> se infiltrou pelos mais íntimos recessos da literatura e da sciencia, produzindo naquella o renansimo e nesta o lamarckismo e o darwinismo [...]. Também foi esse materialismo histórico o grande cerne do communismo marxista, existente em gérmen na obra literária

de *Tolstói* e agora infiltrado no bolchevismo governamental russo. (Pereira, 1930, p. 1)

Finalmente, o jornalista potiguar explicitaria o seu temor, de fundo político:

> Nos temos padecido muito desse materialismo histórico, que tirou á arte e á sciencia a sua própria razão de ser e apenas tem marcado na evolução humana uma grande revolução. E um passo para a confusão, para o obscurantismo, para a indisciplina, que é a única heresia, segundo George Land, para "a inumanidade", como diria Charles Maurras. (Pereira, 1930, p. 1)

A crítica da modernidade, numa perspectiva conservadora, também aparece no livro *Notas de um médico de província*, de Januário Cicco (1926). Citando Lombroso, o autor afirma que o alcoolismo, a sífilis, as cardiopatias, a miséria e os "vícios elegantes" fizeram "o homem contemporâneo com uma mentalidade tal que se lhe desvirtuaram todos os traços de normalidade" (Cicco, 1926, p. 11).

Degeneração física, psicológica e moral. O mundo moderno põe em risco até mesmo a possibilidade de sobrevivência da espécie. O neomalthusianismo, segundo Januário Cicco, por apregoar o controle da natalidade, é seguido apenas pela elite.

> Sabe-se que a seleção faz a elite e desta advêem as capacidades. Ora, a seleção pede a proliferação da espécie, é na modernidade do momento, em que todos batem palmas ao neo-malthusianismo, de par com factores mórbidos que minguam as possibilidades de higidez, o índice mental desce na proporção da fallencia individual. (Cicco, 1926, p. 11)

A questão da sífilis, entretanto, é o que aproxima o pensamento católico e certo cientificismo autoritário em Natal. Januário Cicco, ao comentar os desafios enfrentados na prevenção da sífilis, afirmava que "a dissolução social oppõe embaraços cada vez maiores e contribúe de modo incontestavel para o descredito das campanhas sanitarias, como a falta de comprehensão dos deveres civicos annula as medidas de saneamento e educação" (Cicco, 1926, p. 116).

A dissolução dos costumes era o principal obstáculo à profilaxia da sífilis, pois "provado está serem a castidade e os exercicios phisicos os elementos mais nobres para a saúde do espirito e fortaleza corporal" (Cicco, 1926, p. 116).

Cicco procura explicar o fato de as mulheres casadas serem, segundo as estatísticas do Hospital Jovino Barreto, as maiores vítimas da sífilis:

> Não ha como se acreditar em que os senhores maridos são os "unicos" responsaveis pelas molestias de suas esposas; fica-se assim mais á vontade. Entretanto sabe-se que a clandestinidade dá em todos os paizes margem a que se lhe atribua relativa cooparticipação na diffusão das molestias venereas, sabendo-se todavia que o adulterio é muitas vezes o portador da infelicidade conjugal, sob o ponto de vista venerealogico.
>
> Não é opportuno professar aqui todos os perigos sociaes emanentes desse regimen de "liberdade" conjugal, e nem tão pouco considerar argüições philosophicas sobre a formação eugênica de novas gerações, si á frente de toda e qualquer medida salvadora não se organizar a grande resistencia pela formação do psychismo da castidade. (Cicco, 1926, p. 130)

O cônego Monte, por sua vez, produziu um trabalho científico de grande envergadura, instigado por Câmara Cascudo. O tema era o valor da castidade. "Os fundamentos biológicos da castidade" foi publicado postumamente, em 1944. O livro contém quatro partes: 1) Fisiologia da continência; 2) Continência, castidade e eugenia; 3) Continência e loucura; 4) Castidade e delinquência.

Na primeira parte, Monte procura demonstrar que o desejo sexual não é puramente fisiológico, pertence mais ao domínio da psicologia do que da fisiologia. O orgasmo nada mais seria do que um epifenômeno da função reprodutora.

> A função do aparelho genital é a procriação, e não a satisfação do desejo sexual. A sensação de prazer que acompanha a função geradora vale apenas por um recurso de que se serve a natureza para garantir com mais segurança a conservação das espécies. Periclitariam as espécies animais se a função reprodutora não fosse acompanhada de uma sensação interna de prazer.
> A satisfação peculiar que acompanha o orgasmo, e o desejo ardente de mútua fusão dos sexos, não passam de um epifenômeno da função geradora, como sensação agradável do gosto dos alimentos, na função de nutrição. (Monte, 1985, p. 29)

A erotização do sistema nervoso, reduzida nos animais a um reflexo condicionado, no homem tem a imaginação como fator decisivo na "gênese das tempestades eróticas". A imaginação, portanto, como faculdade psicológica dependente da vontade, é o fato determinante do desejo sexual.

Na segunda parte, Monte afirma que a continência retarda o envelhecimento ao concorrer para a perfeita diferenciação dos elementos intersticiais e do epitélio germinal, ao representar um fator precioso para o equilíbrio das funções neuromorais e ao ativar as funções defensoras do organismo. Os excessos sexuais, ao contrário, exigindo do organismo grande desperdício de substâncias proteicas, sujeitando o bulbo e a medula ao bombardeio emotivo do choque ejaculatório, sujeitando o corpo ao abalo maciço das síndromes emocionais, anulando paulatinamente a ação inibidora da vontade, repercutem sobre o organismo, demolindo a resistência dos centros encarregados da sua defesa. Assim, aumentam as chances de contaminação por doenças venéreas.

A relação entre continência e loucura é discutida na terceira parte do trabalho. O cônego Monte procura mostrar que em alguns loucos a continência sexual (que ele chama de incapacidade de incontinência) é consequência e não causa da loucura.

> Não são *continentes*; mas *incapazes de incontinência*, por anomalias distróficas ou por impotência psíquica. A continência supõe a integridade morfológica e funcional dos órgãos sexuais. Representa um esforço, um sacrifício, uma vitória. Fundamenta-se sobre as mais altas virtudes de autodomínio. Não é resultante de uma anestesia genésica, mas um esforço consciente de uma vontade bem formada, perseverante e rica de energias. Todos, loucos ou não, que se tornam castos sem luta e sem uma determinação consciente da vontade são *anormais*, e não *continentes*. (Monte, 1985, p. 132)

Monte fundamenta-se na psicanálise para avaliar a relação entre continência e loucura. Lembrando que a psicanálise classifica as doenças mentais em dois grupos: neuroses e psicoses, ele assim explica as neuroses:

> [...] encontram sua razão causal na insatisfação ou na ansiedade da *excitação erótica física*. Não são a resultante de um *conflito atual*, mas resultam de complexos latentes, há muito fixados, na trama da vida instinta. Pelo que as neuroses [...] têm fatalmente uma psicogênese, isto é: uma perturbação inconsciente no desenvolvimento da função sexual, quase sempre na infância. Os ansiosos verdadeiros são uns involuídos, infantis do instinto sexual; permanecem auto-eróticos. (Monte, 1985, p. 135)

As psicoses, verdadeiras doenças mentais, resultam de uma profunda perturbação psíquica, produzindo uma completa introversão, denominada de narcisismo. Nas psicoses, diferentemente do que acontece nas neuroses, a libido introjetada não consegue se transferir para o mundo externo, permanecendo presa a um plano subjetivo, fazendo com que o indivíduo perca o contato com a realidade objetiva.

Concluindo, Monte afirma que nem a neurose nem a psicose resultam da continência, mas dos excessos e das perversões sexuais. Os excessos produzem perturbações mentais que podem inclusive ser rotuladas.

> A constante tensão nervosa exigida pela agitação da vida moderna, a permanente angústia sexual, a congestão habitual dos centros responsáveis pelo reflexo ejaculatório, as perdas proteicas consecutivas à indisciplina dos sentidos acabam por repercutir penosamente no psiquismo, originando tipos patológicos, que Coutts agrupou sob a rubrica comum de hipergenitalismo psíquico. (Monte, 1985, p. 149)

Na última parte, o cônego aborda a relação entre continência e criminalidade. Mostra que a influência da sexualidade na determinação dos crimes pode ser comprovada pelas estatísticas que demonstram que o aumento de crimes coincide perfeitamente com as manifestações da puberdade, no homem, e do climatério, na mulher.

> Se o hipergenitalismo psíquico, resultante de um sistema nervoso erotizado pelas vicissitudes de uma vida sexual intensa e desordenada, não viesse despertar para o crime as energias latentes das predisposições mórbidas, estas estariam ainda estagnadas no subconsciente. Despertada, porém, pelas sacudidelas emotivas dos estímulos eróticos, a nebulosidade heredo-mórbida se condensa, assumindo as feições mais estranhas, concentram-se em obsessões funestas, que levam às perversões e às violências criminosas. Por isso, na eclosão da puberdade e no período pós-puberal, quando os imperiosos estímulos genésicos [...] degeneram em anomalias

sexuais, é que com maior frequência se constatam alterações profundas e modificações mórbidas no psiquismo do adolescente. (Monte, 1985, p. 192)

Monte aceita o conceito de degenerescência de Morel[1]. O conceito de herança mórbida, contudo, é compreendido não como mera transmissão da doença, mas como uma ação debilitante exercida sobre a genética do indivíduo, determinando características físicas e psíquicas inferiores. O álcool e a sífilis seriam os dois principais determinantes da degenerescência. Em relação ao alcoolismo, Monte é categórico:

> A consciência se anula progressivamente, sufocada pela onda aluvial da obnubilação dos sentidos. Em um crescendo terrível, o ébrio, com a sensibilidade moral exagerada ou pervertida, percorre toda uma escala de degradação psicológica, desde a agitação à irritabilidade, à deficiência de inibição até os impulsos mais violentos, as alucinações, as perversões criminosas e os delírios paranoides. (Monte, 1985, p. 196)

Em relação à sífilis, Monte também constata um vínculo com o crime:

> Sífilis e crime relacionam-se intimamente. [...] Medidas terapêuticas e profiláticas, administrativas e legislativas têm convergido [...]

---

[1] De acordo com o psicanalista Carlo Augusto Peixoto Junior, "na teoria da degenerescência criada por Morel em 1857 [...] o degenerado é descrito como um sujeito intelectualmente degradado, rebaixado enquanto ser de razão e exemplo de um estado moral inaceitável pelo racionalismo descendente do iluminismo. [...] A teoria da degenerescência articulava e permitia referências mútuas entre a medicina das perversões e os programas de eugenia, que parecem ter sido as duas grandes invenções da sexologia do século XIX. Ela agora explicava não só como a hereditariedade carregada de doença podia produzir um perverso sexual, mas também como uma perversão sexual induzia um esgotamento na descendência" (1999, p. 36).

para combater eficazmente as causas do mal, e para remediar as suas terríveis e desastrosas consequências. [...] a castidade, atingindo os males venéreos nas suas raízes mais profundas [...] se constitui um dos fatores de maior eficácia na profilaxia dos momentos causais do delito. (Monte, 1985, p. 199)

Como a castidade poderá atuar na profilaxia dos crimes? Monte responde:

Acostumado desde cedo a enfrentar vitoriosamente a multidão dos desejos sensuais, que na penumbra do subconsciente se levanta ameaçadora [...], saberá o casto opor resistência tenaz e eficiente às solicitações imperiosas dos elementos causais da delinquência. À interferência das causas exógenas pode contrapor a resistência de vontade disciplinada, que aprendeu a polarizar para uma finalidade superior a ambivalência das tendências do espírito. O casto, na acepção integral do vocábulo, é, necessariamente, um homem que aprendeu a vencer, vencendo-se. (Monte, 1985, p. 203)

Entretanto, o pano de fundo médico-intelectual e histórico-social das chamadas anomalias sexuais é complexo. O crescimento das cidades modernas e a industrialização tiveram um importante papel nisso. Em 1869, o médico estadunidense George Beard criou o termo "neurastenia" para designar doenças do sistema nervoso que não se traduzem em alterações orgânicas, mas em desordens funcionais. As desordens das funções sexuais – hipersensibilidade sexual (satiríase e ninfomania), ereções anormais e perdas seminais noturnas (poluções), espermatorreia, masturbação, ejaculações precoces, impotência e distúrbios menstruais – foram denominadas de "neurastenia sexual".

O famoso sexólogo Krafft-Ebing, no artigo "Estados de nervosismo e neurastenia", publicado em 1895, assim descrevia as causas do esgotamento nervoso e suas consequências:

Inúmeros seres humanos passam suas vidas atualmente não ao ar livre, mas em lôbregas oficinas, fábricas, escritórios, etc.; outros, nas tarefas estressantes que lhes foram impostas pelo vapor e pela eletricidade, os meios de transporte, assim como as forças motoras dos tempos modernos. No entanto, o aumento de trabalho cria a demanda por uma quantidade maior de prazeres da vida. O progresso da civilização criou um estilo de vida com maiores necessidades e o cérebro tem de pagar pela gratificação de tais necessidades [...]. Pode-se vê-los [os seres humanos em sua luta pela existência] em contínua excitação febril, caçando dinheiro, empregando todas as suas forças físicas e mentais e contando com todos os meios que um desenvolvimento cultural excessivamente rápido oferece na forma de ferrovias, correios e telégrafos [...] esses sistemas nervosos estressados desenvolvem uma necessidade crescente de consumo e de excitantes (café, chá, álcool, tabaco). Juntamente com a melhoria das condições de vida da era moderna, tornou-se cada vez mais difícil estabelecer um lar próprio: o homem das classes sociais mais altas pode conseguir alimentar uma mulher, mas não sustentá-la. As consequências são o intercurso sexual extraconjugal – especialmente nas grandes cidades –, restando o estado de solteiro e os casamentos tardios. Quando esse moderno homem de negócios e de trabalho finalmente se casa, em idade avançada, ele está decrépito e muitas vezes sifilítico; com os modestos resquícios de sua virilidade, em meio à agitação e exaustão de sua vida profissional, ele gera apenas crianças doentes, fracas e nervosas. (*apud* Hill, 1997, p. 333)

O crescente número de contaminados pelas doenças venéreas deu à sexualidade um outro enfoque. A *Société Internationale de Prophylaxie Sanitaire et Morale de la Syphilis et des Maladies Vénériennes*, fundada em 1899, recomendou a castidade como forma de prevenção contra o contágio por doenças venéreas.

Contudo, havia o receio de que a abstinência sexual pudesse ser nociva. Sexólogos alemães como Eulenburg, Albert Moll e

Paul Näcke, e o psiquiatra francês August Forel, eram os mais renomados defensores da abstinência. O psiquiatra Andréas Hill afirma:

> Suas opiniões se baseavam nas atitudes vitorianas tradicionais em relação à sexualidade. Para uma pessoa normal [...], a abstinência sexual até o casamento era vista como benéfica [...]. Somente indivíduos com "tendência neuropática" podem sofrer de seus efeitos. [...] Os possíveis incômodos eram superados pelas vantagens [...] [a prevenção de doenças venéreas, gravidez indesejada]. Métodos de prevenção das doenças sexuais [...] eram considerados danosos [...], dado que encorajavam atividades sexuais ilegítimas e a separação entre os prazeres sexuais e a reprodução. O conselho pessoal do médico para seus pacientes seguiria os padrões morais geralmente aceitos e não seria ditado por impulsos naturais. Os adeptos da abstinência defendiam sua posição com provas e argumentos médico-científicos, mas suas considerações e motivações morais eram óbvias. (Hill, 1997, p. 337-338)

Entre os críticos da abstinência estavam o médico sueco Anton Nyström e os médicos alemães Agnus Hirschfeld, Max Marcuse, além dos psicanalistas Wilhelm Stekel e Wilhelm Reich. Alguns deles se engajaram diretamente em campanhas de reforma da moral sexual. Andréas Hill assim os descreve:

> Os reformadores sexuais liberais viam a abstinência sexual durante um longo período [...] como causa crucial de queixas menos importantes, bem como de sérias doenças não só nos "neuropaticamente carregados", mas também nos indivíduos saudáveis com uma constituição "normal". [...] esses médicos reformadores supostamente estabeleceram o vínculo etiológico entre abstinência e distúrbios de saúde como as neuroses, em especial a neurastenia e a neurastenia sexual, psicoses, "perversões sexuais", como o homossexualismo

[...]. Os riscos das doenças venéreas e gravidez indesejada deviam ser prevenidos pela higiene pessoal, métodos preventivos e contraceptivos [...]. O intercurso pré e extraconjugal não era visto como imoral *per se*; em alguns casos, o médico era até obrigado a prescrevê-lo. (Hill, 1997, p. 339-340)

No Brasil, a questão da continência sexual também aparecia relacionada à das doenças mentais e venéreas. A concepção mais comum entre os médicos brasileiros no final do século XIX e início do século XX, de acordo com Sérgio Carrara (1996), era a do desejo sexual como uma necessidade primária. O médico Pires de Almeida, em 1902, depois de apresentar um caso de ninfomania de uma mulher solteira e um surto de satiríase de um respeitável padre[2], afirmou que os motivos originários desses distúrbios eram a continência prolongada (Carrara, 1996).

Alguns médicos brasileiros, no final do século XIX, estavam convictos de que, uma vez atingida a puberdade, os homens e as mulheres seriam acometidos de um desejo sexual que não deveria ser reprimido. O discurso médico a respeito da abstinência sexual, porém, nunca foi unânime nem coerente. A partir da década de 1920, passa-se a defender a abstinência sexual durante a puberdade, até o casamento (Carrara, 1996).

A proliferação das doenças venéreas teria outra consequência: a proposição do ensino obrigatório de educação sexual pelo médico Oscar Fontenelle, no início da década de 1930. A reação católica foi violenta: certo padre Jacarandá, comentando o projeto Fontenelle, escreveu:

---

[2] Na Alemanha, Eulenburg, um dos mais ardorosos defensores da abstinência, em 1911 passava a criticá-la quando prolongada em adultos, por provocar sérios danos físicos e mentais. Ele descreveu vários casos clínicos, entre eles o de um padre de 45 anos com nervosismo e depressão.

> Assaz difuso é o erro dos que [...] promovem a pretendida educação sexual, julgando erradamente poderem precaver os jovens contra os perigos da sensualidade com meios puramente naturais, tais como uma temerária iniciação e instrução preventiva, indistintamente para todos, e até publicamente [...]. Contrariam a lei do espírito e desprezam até a própria experiência dos fatos, da qual consta que [...] as culpas contra os bons costumes são efeito, não tanto da ignorância intelectual, quanto e principalmente da fraqueza da vontade. (*apud* Carrara, 1996, p. 243-244)

As posições católicas viam a educação sexual como manifestação do materialismo nefando, fundado nas formulações de Freud e Marx. O padre Jacarandá foi extremamente agressivo em relação a Freud. Para ele, o "sr. Judeu Freud [...] não pode ser orientador pedagógico, pois a sua doutrina é muito animal [...] ela asfixia, intoxica e apodrece. Freud e seus admiradores confessam a bancarrota da vontade humana".

A valorização da vontade, do autocontrole, pode ser considerada a principal característica do pensamento psicológico do cônego Monte. Do ponto de vista filosófico, ele combina o clássico tomismo com um vitalismo cientificista semelhante ao do filósofo francês Henri Bergson.

Esse culto ao autocontrole, ao "cuidado de si", não era exclusivo da tradição católica. O médico Januário Cicco, em 1922, já escrevia:

> Não é [...] na forja do industrial que o homem vencerá os obstaculos à sua senectude, mas no paciente culto a si mesmo, seguindo a conducta ensinada pelas razões da sciencia da vida, combatendo-lhe as taras, como os resultados das influencias ancestraes, evitando a desorganização antecipada dos seus elementos constitutivos, pelo exercício racional e moderado das suas funcções. (Cicco, 1926, p. 50)

A questão do autocontrole, como propõe Carrara (1996), é parte fundamental do tema "responsabilidade humana", que aparece vinculado ao conceito de pessoa humana. Também aparece como questão essencial nas mudanças estruturais ocorridas no mundo ocidental nos últimos trezentos anos. De acordo com o sociólogo Norbert Elias (1994), o progressivo desenvolvimento tecnológico e cultural exige um maior controle do indivíduo sobre suas emoções e impulsos, naquilo que ele denominou de "processo civilizador". A sexualidade, por sua vez, transformou-se, ao longo do século XIX, no dispositivo através do qual um poder disciplinador passou a ser exercido sobre o indivíduo, controlando os fenômenos vitais e instituindo a hegemonia do discurso médico. Até mesmo o discurso e prática jurídicas passaram a se vincular com o saber médico. Um bom exemplo disso é o texto do jurista norte-rio-grandense João Medeiros Filho sobre anulação de casamento, publicado no Rio de Janeiro em 1954. *Erro essencial de pessoa*, livro prefaciado pelo psiquiatra Maurício de Medeiros, discorre acerca dos casos de doenças que justificariam a anulação de casamento. Entre essas doenças, as de ordem mental ocupam um papel preponderante. Medeiros Filho (1954) discute o papel da herança na determinação das enfermidades mentais:

> Não é concebível [...] desconhecer a teoria psiquiátrica da herança, antepondo, ao conceito de tara hereditária em sua concepção geral, a questão da regularidade de tal herança, do processo hereditário de diversas doenças da mente, nem a moderna doutrina da secreção interna sobre as psicoses funcionais. Se as causas provocadoras dos distúrbios mórbidos assumem hoje múltiplos aspectos, desde o fator orgânico ou tóxico, até a "constituição" e o meio em sua totalidade, cumpre inelutavelmente ao jurista recorrer à perícia psiquiátrica. (Medeiros Filho, 1954, p. 94-95)

No direito penal a influência da medicina não era menor. O psiquiatra Severino Lopes, em livro publicado em 1955, reafirma algumas teses lombrosianas, embora rechace o fisicalismo radical do mestre italiano e adote uma abordagem psicossomática da constituição do humano. Para Lopes, "o crime é uma enfermidade dessa ou daquela origem e, sendo enfermidade, está na alçada da medicina e bem sabemos que, no conceito hodierno, é incompleta toda a medicina que não tiver base psicossomática" (Lopes *apud* Silva,1989, p. 19).

Não foi somente o saber médico que valorizou o psíquico (mesmo considerando apenas seus aspectos mórbidos); a psicanálise, e talvez principalmente ela, desempenhou um importante papel junto a alguns juristas natalenses. Enélio Petrovich (1958), num livro resultante de uma conferência sobre Freud realizada na Faculdade de Direito de Natal em 13 de maio de 1958, assim descrevia o papel do juiz:

> Atualmente, o juiz precisa ser psicanalista e não mero intérprete literal e medíocre dos artigos do Código. Só os conhecimentos do Direito, os dispositivos de Lei e a jurisprudência dos Tribunais são insuficientes. Êle deve, acima de tudo, conhecer a vida pregressa do delinqüente e sua psicologia para que não jogue às grades de uma prisão sêres humanos com distúrbios psico-sexuais, que se internados em clínicas psiquiátricas com o auxílio de psicanalistas, ficariam completamente curados e seriam úteis à sociedade, porque muitas vezes êsses pobres delinqüentes chegam a tal ponto de apresentar-se, livremente, à autoridade, com a ânsia de receberem a punição necessária.

Na modernização de Natal, além da consolidação do saber médico, também contribuíram para a difusão do discurso e de técnicas psicológicas o surgimento da profissão de assistente social, juntamente com a criação do respectivo curso, como veremos na próxima seção.

c) Ação católica, serviço social e a crise urbana: a "psicologização" dos problemas sociais na capital potiguar

No Estado Novo, as relações entre a Igreja Católica e o Estado foram mais estreitas do que na República Velha. A necessidade de legitimação, por parte do novo grupo dominante, e o projeto de recristianização da Igreja convergiram para uma ação comum nas atividades de educação das massas e de reafirmação dos valores morais católicos de disciplina e submissão.

A crescente organização da classe operária exigirá novas respostas dos grupos no poder. O Estado, durante a República Velha, terá na repressão policial o mais eficiente instrumento de resposta aos movimentos desencadeados pelo proletariado. A sociedade civil, por sua vez, apoiará a repressão policial, acrescentando ações caridosas em momentos de crise econômica.

O desenvolvimento capitalista, contudo, intensifica a industrialização, acelera a urbanização da população brasileira e traz como consequência o fortalecimento do proletariado e a consolidação dos segmentos urbanos médios da sociedade.

A ditadura implantada a partir do Estado Novo impõe uma organização corporativa da sociedade, controlando os sindicatos e dirigindo a economia. A conjuntura política do Estado Novo, principalmente a crise de hegemonia gerada pela movimentação das classes subalternas e o fracionamento dos grupos burgueses, possibilitará à Igreja um amplo espaço de intervenção na vida social.

Em Natal, em 1936, a Igreja local criaria a Juventude Feminina Católica e, no ano seguinte, elaboraria um estatuto contendo as diretrizes dessa associação e definindo seus propósitos:

> Parte integrante da Ação Católica, a J. F.C é [...] um apostolado de ação. Exorbitando do âmbito das Igrejas e das sacristias, vai atingir

todos os setores da sociedade, numa ação persistente e regular de propaganda, de infiltração e de proselitismo, na família, na paróquia, na escola, na fábrica, nos escritórios. (*apud* Paiva, 2000, p. 22-23)

De acordo com o estatuto, a jovem jefecista realiza o objetivo do movimento quando "põe suas qualidades pessoais a serviço de um ideal superior: promover a glória de Deus, conquistar almas e recristianizar a sociedade [...]. A vida sobrenatural confere-lhe o poder de modificar o meio sem se deixar influenciar pelas suas interferências perigosas" (*apud* Paiva, 2000, p. 23).

Apesar da criação, em 1936, da Juventude Feminina Católica, até 1945 a ação social desenvolvida pela Igreja foi incipiente em Natal. A Igreja limitava-se a realizar atividades assistencialistas, colaborando com a Legião Brasileira de Assistência (LBA) e com o Serviço Estadual de Reeducação e Assistência Social (Seras). Com a criação da Escola de Serviço Social, todavia, uma mudança significativa ocorreria no modelo de ação social efetivamente implementado pela Igreja.

A Segunda Guerra Mundial mudou radicalmente o perfil da cidade de Natal. A instalação de bases militares em 1941 reativou a vocação militar da principal urbe potiguar. A chegada de grande contingente militar demandou uma grande quantidade de serviços na área de construção, infraestrutura urbana (transportes, hotéis e pensões), abastecimento, além de outras atividades, como a prostituição. Em 1942, Natal é invadida por centenas de favelados. A seca mais uma vez assolara o interior do Estado.

A imigração contribuiu para que a cidade praticamente dobrasse em dez anos sua população: de 55.000 habitantes em 1940, passara a 103.000 habitantes em 1950 (Clementino, 1995). Com o fim da guerra e a retirada das tropas estadunidenses, a superpopulação é agravada com o surgimento do desemprego. As tradicionais frentes de trabalho são iniciadas, mas não conseguem resolver a crise social que já se fazia sentir. O aumento da mendicância, a vagabundagem, o surgimento de um grande número de crianças e adolescentes delinquentes passaram a preocupar as autoridades e segmentos da hierarquia da Igreja Católica. A LBA, dirigida por Aluísio Alves – que tinha fortes vínculos com a intelectualidade católica local – juntamente com a Juventude Feminina Católica, criou a Escola de Serviço Social de Natal para a formação de técnicos capazes de lidar com as consequências da crise econômica e (um motivo menos explícito) para evitar o crescimento de movimentos sociais que visassem a transformar a sociedade brasileira. Em 2 de junho de 1945 seria criada em Natal a sétima escola de Serviço Social do Brasil e a segunda do Nordeste.

A assistente social Lígia Loureiro da Cruz, da LBA do Rio de Janeiro, foi indicada pela diretora do Instituto Social do Rio de Janeiro, Germaine Marseaud. Lígia convidaria a aluna concluinte da Escola de Serviço Social de São Paulo, Celma Teixeira, para exercer o cargo de monitora.

A maior parte das jovens que se matricularam na primeira turma trabalhava em instituições de assistência vinculadas à Igreja e eram ex-alunas da Escola Doméstica.

O curso implantaria um trabalho de supervisão das alunas, para que elas pudessem aprender melhor o método de tratamento de casos individuais. Cada caso era estudado com a aluna, obedecendo ao seguinte plano:

- Entender a psicologia humana nas suas reações em situações de ajustamento.
- Interpretar a situação do cliente.
- Estabelecer boas relações com o cliente, o que vem a permitir bom êxito no trabalho.
- Planejar, de acordo com os recursos que o meio oferece, as possibilidades do cliente.

- Fazer o cliente participar o máximo de que é capaz no processo de reajustamento, isto implica a participação no próprio estudo, diagnóstico, decisões e tratamento.
- Melhorar o método de relatar. (Teixeira, 1947, p. 61-62)

Durante a primeira década de funcionamento do curso, apenas onze trabalhos de conclusão de curso foram apresentados. A técnica mais utilizada era o serviço social de casos, que centrava sua atenção no indivíduo.

O predomínio desse modelo individual persistiria ainda durante algum tempo no curso. Sua hegemonia fez com que o discurso e algumas técnicas psicológicas tivessem grande evidência na atuação do assistente social, que passou a ser um profissional de importância estratégica na gestão dos indivíduos das classes subalternas em Natal.

O Curso de Serviço Social foi o primeiro de nível superior a ter a psicologia como disciplina curricular em Natal.

O então padre (hoje bispo emérito de Natal) Nivaldo Monte, irmão e discípulo do cônego Luis Monte, foi o primeiro professor da disciplina. O programa era o seguinte:

PSICOLOGIA: 50 horas
Introdução – A psicologia experimental e a psicologia filosófica. As orientações fundamentais na psicologia experimental: correntes conscientista, fisiologista e vitalista. Os métodos da psicologia experimental.
Psicologia experimental – Psicologia analítica: o reflexo. A consciência, o inconsciente e o subconsciente. Sensação. Percepção. Imaginação. Associação. Memória. Instinto. Inteligência: ideia, juízo, raciocínio. As tendências sensoriais. Emoção e paixão. Vontade e livre-arbítrio. Os sentimentos.
Psicologia sintética ou diferencial – Tipos psicológicos. O temperamento e o caráter. Características psicológicas de cada sexo e de cada idade.

Psicologia filosófica – A ciência e o estudo da alma. As grandes teses da psicologia filosófica: a existência da alma, a espiritualidade da alma e a imortalidade da alma.

O padre Nivaldo Monte também assumiu a direção da Escola de Serviço Social. A partir de 1947, passou a publicar livros pela Editora Vozes – alguns deles sobre psicologia[3], Passou também a ensinar Psicologia na Escola Doméstica e na Escola Normal. Assim ele percebia os problemas sociais:

> A crise em que a humanidade se debate, antes de ser uma crise econômica e social, é uma crise de alma, uma crise de compreensão. O homem hodierno se volta para os problemas do capital e do trabalho, como se êstes problemas fôssem a base dos motivos que tanto angustiam a alma do homem moderno. Todo problema, essencialmente humano, parte de um problema de compreensão. (Monte, 1968, p. 5)

Um diagnóstico dos males sociais tão idealista não poderia ter uma terapêutica diferente. A solução é simples: "No dia em que o homem compreender melhor o homem, uma aura de paz e de concórdia descerá, abençoada, sobre a fronte de todos os homens" (Monte, 1968, p. 6).

Os trabalhos de conclusão de curso mostram a predominância do modelo de atendimento individual nos primeiros anos da Escola de Serviço Social de Natal. Analisaremos alguns desses trabalhos para verificarmos o discurso psicológico e as técnicas *psi* utilizadas.

A monografia *O serviço social: contribuição valiosa na formação da personalidade*, de Maria Crinaura Freire Alves, apresentada em dezembro de 1950, foi a primeira a tratar de tema psicológico.

---

[3] Os livros são: *Formação do caráter* (1947), *Os temperamentos* (1968) e *A dor* (1947).

Na introdução, Maria Alves (1950) divide a evolução do serviço social no século XX em duas etapas: a primeira, chamada fase sociológica e compreendida entre 1900 e 1920, acentua com certo exclusivismo as influências sociais nos desajustamentos. Todo desequilíbrio teria origem na organização equivocada da sociedade. Essa concepção, contudo, seria questionada.

> Pouco a pouco foi sendo compreendido o valor das emoções, dos fatores afetivos, a importância do subconsciente. Considerou-se a influência do eu e suas diversas reações. E a guerra de 1914-1918 trouxe sua contribuição para essa segunda etapa do Serviço Social, que foi a fase psicológica. Os egressos do "front" eram portadores dos problemas diversos. E não tinham êles partilhado o horror dos campos de batalha? Concluindo que os fatores externos não possuíam a fôrça cega do determinismo, voltaram os estudiosos suas vistas para as ciências psicológicas. Foi a época áurea da Psiquiatria e da Psicanálise. (Alves, 1950, p. 9)

O atual momento, de acordo com Maria Crinaura Alves, caracteriza-se pela síntese entre os dois modelos anteriores, o que permite ao serviço social realizar o seu objetivo, ou seja, "o desenvolvimento da personalidade, a fim de que o cliente seja capaz de resolver sozinho seus problemas" (Alves, 1950, p. 9).

O primeiro capítulo da monografia de Alves é dedicado ao estudo da personalidade. Com base no padre Leonel Franca, ela diferencia pessoa de personalidade:

> Parece-nos que a palavra personalidade se aplica melhor àqueles que, num esforço contínuo, desenvolveram as prerrogativas que os distinguem dos sêres inferiores. Porque, se em tôdo o homem reconhecemos a dignidade da pessôa, nem de tôdos afirmamos possuírem uma personalidade. Quando dizemos – A ou B têm personalidade – sempre nos referimos a homens que depois de se

conhecerem a si próprios, desenvolveram as virtualidades latentes, realizaram a si mesmos e projetaram na vida o rastro da conquista de um ideal. (Alves, 1950, p. 17)

Outra distinção importante é entre personalidade, individualidade, caráter e vontade.

É lugar-comum confundir-se personalidade com individualidade e ainda com caráter e vontade. O primeiro termo significa apenas sua parte corpórea, enquanto que os dois últimos vêm nomear sem dúvida colunas onde se ergue o edifício da personalidade, mas que realmente não podem ser confundidas com esta. A vontade, assim como a inteligência e a sensibilidade, é uma das faculdades da alma. O caráter [...] é norma de conduta, o modo de agir do ser humano. A personalidade é o homem tôdo. O homem com sua bagagem hereditária e suas qualidades peculiares; o homem com seus atributos oriundos do meio físico e social; o homem vencendo o fatalismo mesológico e hereditário e se afirmando como pessôa pela mais alta de suas prerrogativas – a liberdade. (Alves, 1950, p. 18)

A personalidade seria composta de:

a) *A constituição*, representando a estrutura físico-morfológica da personalidade. [...] Aqui encontramos os resultantes da personalidade e do meio. Segundo afirmam os estudiosos, há relação entre a constituição e o caráter;
b) *O temperamento*, conjunto de disposições afetivo-sensitivas do indivíduo. Pode ser considerado como o lastro fisio-endocrinológico da personalidade;
c) *O caráter*, conjunto de disposições psíquicas que levam o indivíduo a agir e reagir de certa maneira às impressões exteriores. Pela própria etimologia da palavra é alguma coisa que marca, que separa, que distingue. É a forma de agir, pessoal, distinta e inconfundível de cada ser humano;

d) *O eu*, que se define como a personalidade, enquanto toma consciência de si própria, enquanto se afirma, se põe ou opõe a idéia do não-eu. Essa idéia do eu, lastro espiritual da personalidade, é de uma clareza absoluta e de uma fixidez e permanência invariáveis. (Alves, 1950, p. 18-19)

Na segunda parte do primeiro capítulo, Maria Alves procura mostrar que o melhor instrumento para se aperfeiçoar a personalidade é a educação. Embora reconheça a importância dos determinantes biológicos da condição humana, como demonstravam os estudos da biotipologia, da caracteriologia e da psicologia, ela afirma que os fatores hereditários não são determinantes do desenvolvimento da personalidade. Em suas palavras, "nem fatalismo hereditário, nem mesológico. A constituição tem sua influência, assim como a fisiologia, o meio físico e social. Mas a tudo se vem sobrepor o livre-arbítrio" (Alves, 1950, p. 23-24).

O humano é, portanto, um ser educável. Qual a função do educador? Pergunta retórica a que Maria Alves responde citando o padre Luís Monte: "A função do educador não é principalmente erradicar abruptamente as tendências negativas do educando. Isto poderia traumatizá-lo. Nem tão pouco recalcá-las compressivamente. Isto creará complexos torturantes que poderiam trazer a ruína de seu sistema mental" (Alves, 1950, p. 29).

O educador deve ser um modelo, em todos os aspectos, para os seus educandos.

No segundo capítulo, a autora descreve os diversos métodos do serviço social (casos individuais, de grupo e organização social da comunidade). Entretanto, desenvolve sua reflexão em torno do serviço social de casos individuais, embora descreva sucintamente o serviço social de grupo.

O serviço social de casos tem como premissa a singularidade do ser humano. Essa singularidade fundamenta o processo de individualização, que é o desenvolvimento da personalidade.

Cada ser humano deve ser tratado como uma realidade própria, como um "ser único", que não pode ser classificado completamente em categorias abstratas e genéricas.

Dada a singularidade do ser humano, torna-se imprescindível para o assistente social "conhecer o cliente". Esse conhecimento, que não deve ser apenas centrado no "eu" isolado do cliente, caracteriza-se por definir o sujeito como necessariamente envolto por um determinado meio. Entretanto, não basta o conhecimento do assistido e das influências do meio, é necessário "compreender o cliente". Maria Alves define a compreensão como um esforço de aperfeiçoamento do indivíduo, limitado, contudo, pela liberdade da pessoa humana.

O assistente social deve possuir, na expressão de Maria Alves, "uma reverência instintiva pela personalidade do cliente[4]" e respeitar sua liberdade. A defesa retórica da liberdade humana parece ser uma obsessão discursiva dos humanistas católicos. Claro que esse discurso tem como pano de fundo a Guerra Fria e é determinado pela oposição declarada que a Igreja Católica faz ao marxismo, definido como a grande ameaça à família, à ordem social e à liberdade humana.

O estudo social de caso, que Maria Alves – citando Mary Richmond – define como o "conjunto de processos utilizados para reajustar consciente e individualmente o homem às condições normais de vida, desenvolvendo-lhe ao mesmo tempo a personalidade" (1950, p. 42), apresenta-se como um eficiente instrumento de "psicologização dos problemas sociais". Alves reconhece, contudo, as limitações do serviço social de caso, que podem resultar do próprio assistente social, do assistido ou do meio.

---

[4] É interessante a semelhança entre o discurso humanista católico de Maria Alves e a abordagem centrada na pessoa de Carl Rogers. Talvez porque o humanismo tenha raízes na religião.

O método é composto por três etapas: estudo, diagnóstico e tratamento. O estudo compreende o conhecimento integral do cliente e o conhecimento do meio. O diagnóstico consiste numa avaliação da personalidade do cliente e da natureza e extensão de suas dificuldades. Nenhum diagnóstico pode ser visto como definitivo. O tratamento caracteriza-se pelo emprego adequado dos recursos disponíveis com o propósito de reajustar os casos. Consiste basicamente em ensinar ao cliente a usar os recursos do meio, bem como em torná-lo autossuficiente pelo desenvolvimento de sua personalidade.

O serviço social de caso utiliza três estratégias de enfrentamento dos desajustes: a prestação efetiva de serviços, realizada junto à classe operária através de instituições de assistência; o aproveitamento de recursos da comunidade e o tratamento psicológico, eminentemente educativo, que deve acompanhar todos os serviços prestados.

A segunda monografia que analisaremos é *O problema médico-social do doente mental*, de Sonia Galvão de Campos, apresentada em 1959. O trabalho se divide em três partes: na primeira, a autora centra sua atenção na Casa de Saúde de Natal (histórico, funcionamento, o serviço social); na segunda, descreve a atuação do serviço social junto ao doente e, na terceira, o trabalho do serviço social psiquiátrico junto à família.

O método mais utilizado no contexto hospitalar é o serviço social de casos. Sonia Campos cita a definição de serviço social de casos do padre Swithum Bowers:

> O serviço social de casos é uma arte na qual o conhecimento da ciência de relações humanas[5] e a habilidade de relacionamento são

---

[5] De acordo com Nikolas Rose (1999), o conceito de relações humanas foi criado por Elton Mayo. Este afirma que não são as exigências objetivas e as características do processo de trabalho (iluminação, tempo de trabalho etc.), nem os desajustamentos e psiconeuroses dos trabalhadores os determinantes da produtividade

usados para mobilizar capacidades do indivíduo e os recursos da comunidade apropriados para o melhor ajustamento entre o cliente e todo ou parte de seu meio. (Campos, 1959, p. 7)

No serviço social de casos o objeto de estudo é o indivíduo na situação de cliente, considerado em todos os aspectos de sua personalidade e relacionado com o meio em que se encontra, para que seja possível reconhecer os fatores que fizeram surgir o problema ou contribuíram para agravá-lo. A participação do cliente, por se tratar de um processo eminentemente educativo, deve ser ativa. Ele é um dos protagonistas do processo.

O assistente social respeita a individualidade da pessoa humana, o direito do cliente de ser êle mesmo, de tomar suas próprias decisões, de fazer os seus próprios planos. É um princípio essencialmente democrático e um dos fundamentais no serviço social de casos. O assistente social não vai impôr pontos de vista baseados em seus próprios princípios morais, religiosos ou filosóficos, mas respeita a liberdade da pessoa e os seus direitos inalienáveis de dirigir sua própria vida e tomar suas decisões. (Campos, 1959, p. 8)

É claro que, no caso do serviço social psiquiátrico, em que o cliente é "doente mental", existem particularidades que devem ser levadas em conta. A tarefa do assistente social psiquiátrico é estimular e valorizar o lado positivo da personalidade do doente, para que ele possa aceitar suas dificuldades e assim começar a superá-las.

Seria então o serviço social de casos um método psicoterápico? Sonia Campos responde a essa pergunta citando Arthur

---

industrial. A produtividade relaciona-se com as atitudes para com o trabalho, os sentimentos de controle sobre o ambiente de trabalho, o senso de coesão dentro de pequenos grupos de trabalho e as crenças sobre como os empregadores avaliam os trabalhadores.

Noyes, para quem psicoterapia é o uso de medidas que supostamente atuam sobre a mente do enfermo, aumentando o seu poder de adaptação ao seu meio ambiente, fazendo com que ele possa se compreender melhor. Com esse conceito, Sonia Campos afirma que o serviço social de caso é uma aplicação dos princípios psicoterápicos. Ela lembra, contudo, que a psicoterapia realizada dentro ou fora do hospital deve ser sempre feita sob a ação de um psiquiatra. Além disso, é indispensável que os assistentes sociais que se dedicam a realizá-la sejam especialmente treinados e preparados com estudos na área da psicologia.

Na Casa de Saúde de Natal, os casos de ambulatório e de internamento, desde que apresentem desajustes, passam pelo Serviço Social. Uma das primeiras atividades realizadas pelo assistente social com os pacientes é a entrevista. Através dela o assistente pode compreender melhor seu cliente, avaliando as possibilidades do caso e determinando um diagnóstico para, se necessário, realizar um tratamento psicossocial.

Na entrevista o assistente precisa estar preparado para o contato com o cliente: saber o que perguntar, observar atitudes, gestos, etc. A entrevista inicial serve para estabelecer o primeiro contato com o cliente. Esse *rapport* é "uma interação dinâmica dos sentimentos e atitudes do assistente social e do cliente, interação dirigida e percebida pelo assistente social" (Campos, 1959, p. 14).

Depois do diagnóstico, o assistente social poderá usar o conhecimento da estrutura da personalidade do cliente, seus padrões, suas necessidades e conflitos, para ajudá-lo a enfrentar o seu problema, despertando a sua capacidade de resistência. Segundo Campos,

> o tratamento visa promover um apoio e ajuda ao cliente no sentido de libertá-lo da situação de dependência, fazendo emergir as suas capacidades em potencial, tornando-o apto a enfrentar as situações de desajuste e se integrar no meio em que vive. (1959, p. 16)

Na conclusão do seu trabalho, Sonia Campos apresenta algumas sugestões para a melhoria das condições de vida da população. Entre elas, a disseminação de consultórios de higiene mental e uma ação mais direta junto aos estudantes, aos pais, operários, comerciários e outros trabalhadores, visando principalmente à profilaxia, como também a um tratamento mais adequado.

Em relação ao assistente social, ela acredita ser indispensável um preparo técnico especializado nesse setor, com uma formação mais sólida em psicologia.

Em 1961, Lucia Gusmão apresenta a monografia *O serviço social numa clínica pedagógica de menores excepcionais*. O trabalho está dividido em três partes: na primeira, ela apresenta um histórico da Clínica Pedagógica Heitor Carrilho. Na segunda, descreve o "menor excepcional" – seus problemas e possibilidades – e, na última, detalha a ação do assistente social junto ao menor e sua família.

O objetivo da Clínica Pedagógica consistia em oferecer ao "menor excepcional" aquilo que sua família não podia oferecer:

> O excepcional, na sua escola especializada, vai conseguir o que no seio da família não encontrou. Portanto, para lidar com crianças nessas condições, a professora deve em primeiro lugar se revestir de muita paciência e dispensar muito carinho. Lançando mão de tudo que a cerca, ela procura incutir na inteligência deficiente do excepcional as atividades indispensáveis à vida. (Gusmão, 1961, p. 25)

O histórico da excepcionalidade infantil é apresentado decomposto em cinco partes: o período antigo, a era cristã, o período medieval, os tempos modernos e a era contemporânea. Gusmão destaca a figura de Maria Montessori, de quem cita a frase: "A deficiência mental é problema mais pedagógico do que médico", assim como Alfred Binet, por ter criado as escalas dos testes de inteligência.

No Brasil, ela cita Afrânio Peixoto, Juliano Moreira, Ulisses Pernambucano, Artur Ramos, Mira y Lopez e Helena Antipoff. Para Lucia Gusmão, o conceito de criança excepcional é predominantemente funcionalista: "Menor excepcional portador de alterações na sua conduta física ou mental, tornando-se desajustado em seu ambiente" (1961, p. 40).

A "criança excepcional", por não acompanhar o desenvolvimento das crianças "normais", torna-se fatalmente desajustada no ambiente escolar:

> Atender à criança inadaptada, na classe de crianças normais, é impossível porquanto esta necessita de uma assistência especial. A sua permanência ocasiona o problema de desajustamento, de inadaptação dentro da comunidade escolar. O número de crianças normais constitui quase que a totalidade dos escolares. O seu atendimento traria prejuízo ao trabalho regular da escola, e o problema continuaria de ano a ano, de série a série. (Gusmão, 1961, p. 42)

Além de cuidados especiais, o "menor excepcional" deve contar com o apoio de uma família equilibrada, para que não se torne um delinquente. Muitas vezes, contudo, a família é

> [...] uma fonte de vícios, ambiente nocivo ao próprio adulto. Nesses lares é justamente onde aparece, com mais freqüência, o excepcional. São crianças subalimentadas, filhos de pais desajustados, alcoólatras, com déficit intelectual, neuróticos, etc., personalidades que provocam na família um ambiente tumultuoso. [...] neste meio, depois de traumas, conflitos, escorraçamentos, é evidente que [...] procure [o excepcional] uma compensação para sua vida afetiva. (Gusmão, 1961, p. 42)

Justamente por necessitar de afeto, tal como as crianças "normais", os "menores excepcionais" se juntam, formando grupos de delinquência. Gusmão cita o conhecido psicólogo estadunidense Henry Goddard, que diz que 50% dos ladrões e criminosos são débeis mentais. Além disso, completando o quadro dos desajustamentos pelos quais a deficiência mental (de acordo com Goddard) poderia ser responsável, havia ainda a prostituição. Para Lucia Gusmão, "o déficit de intelecto e a deficiência da adaptação do indivíduo à coletividade são conseqüências que trazem a miséria moral da prostituição" (1961, p. 44).

A autora lembra que o número possível de crianças excepcionais em Natal seria de aproximadamente seis mil, equivalendo a 3% da população da cidade. Uma ameaça à ordem, portanto, silenciosamente configurava-se na capital potiguar, como um dos mais temíveis males da modernização célere da cidade[6].

Gusmão não é pessimista quanto a essa questão; ela acredita na possibilidade de profilaxia dos desajustamentos sociais, desde que alguns cuidados sejam tomados: "Precisamos dar uma assistência especializada ao menor excepcional, oferecendo-lhe oportunidade de tornar-se útil a si e a sua comunidade. Isso só conseguiremos se lhe proporcionarmos um ambiente adequado onde se possa produzir alguma coisa sob supervisão especializada" (Gusmão, 1961, p. 44).

Após a Segunda Guerra Mundial, cresceu o fluxo de migração para a cidade de Natal, provocando um aumento da oferta de mão de obra, inclusive feminina, na capital potiguar. Como o desenvolvimento industrial não foi significativo, um contingente de trabalhadoras numericamente notável, embora sem nenhuma qualificação, foi acomodado no serviço doméstico. Em 1965, Maria Chaves apresenta sua monografia de conclusão de curso, *Esforço de ajuda moral e social à empregada doméstica*, assim estruturada: no

---

[6] De fato, os primeiros grupos de crianças e delinquentes da cidade de Natal surgiram após o término da Segunda Guerra Mundial, quando a miséria e a pobreza se espraiaram na efêmera próspera cidade potiguar, que, após a saída dos soldados estadunidenses, viu crescer o desemprego e a violência em seu meio.

primeiro capítulo, ela descreve aspectos da situação psicológica e moral da empregada doméstica; o segundo capítulo apresenta os problemas sociológicos que afetam as empregadas domésticas e o último capítulo ressalta o estudo social de casos como melhor forma de lidar com o problema.

Os principais problemas "psicológicos" das empregadas domésticas, de acordo com Chaves (1965), são: isolamento moral, limitação da personalidade e necessidade de alívio emocional. O isolamento moral seria decorrente da inadaptação ao novo ambiente, no caso das domésticas oriundas de cidades interioranas, agravada pela distância social entre "patroa" e empregada.

A limitação da personalidade deve-se ao fato de a relação empregada/patrão ser caracterizada pela infantilização da doméstica, que passa a depender da patroa para tomar decisões na sua vida pessoal. Assim Chaves (1965) aborda o "problema emocional" da empregada doméstica:

> A empregada doméstica se torna vítima do seu estado afetivo não raro por inviabilidade da patroa. Razões porque quando é bem acolhida nada sente de constrangimento. Porém, quando é tratada com certo desprezo, os ressentimentos eclodem até exagerando o seu estado emocional. [...] Não foi preparada nem moral nem fisicamente para aceitar o seu modo de viver. O seu estado normal depende exclusivamente do bom relacionamento entre ambas. Caso não haja esse entrosamento, a doméstica sente necessidade de um alívio emocional. E este é freqüentemente procurado na obra, onde ela tem maior aproximação e mui especialmente através do Serviço Social. O nosso plantão sempre esteve a par dos problemas da doméstica, e os que mais apareceram foram casos de sentimentos[7].

---

[7] É notável a psicologização dos problemas sociais. O tema dos sentimentos é apenas mais um conceito psicológico incorporado ao modo como as assistentes sociais compreendem os males urbanos.

Pois a doméstica não se encontra bem segura neste setor, além de outros desajustes.

De acordo com a autora, os principais problemas da empregada doméstica são: a) falta de preparo profissional, b) falta de "consciência", c) desconhecimento da hierarquia de valores, d) insubmissão e revolta, e) inconstância.

O enfrentamento dessas dificuldades exige o apoio de alguém que possibilite à empregada doméstica vivenciar sua condição com dignidade. A assistente social desempenha essa função.

O último exemplo difere dos demais por não ser uma monografia de fim de curso, mas um estudo de família. Eliene Monteiro, em 1949, apresentou um trabalho sobre uma família migrante. Ela enumera os principais problemas da família: medo de o marido perder o emprego, medo de ficar desabrigados (moram em um sítio, onde trabalham), medo da miséria e problemas educacionais: os pais não acreditam muito na periculosidade das verminoses.

A solução que Monteiro (1949) propõe para os problemas da família revela uma psicologização total do caso:

> Sem uma compreensão nítida dos seus erros, aceitação do mal que eles causam e sem vontade de corrigi-los, não poderá essa família reajustar-se. Isto, dentro do ponto de vista educacional, com agravante dos demais, como vimos. Cabe à assistência social levar a cabo essa alta missão, não como ator que representa uma peça, mas, fazendo dessa missão a sua própria vida. Só assim ela poderá penetrar mais profundo nas personalidades, auscultando-lhes a alma no mais profundo que permitam os seus conhecimentos de Psicologia e moral, a par com sua vontade de ajudar e os seus recursos de Serviço Social. (s.p.)

Com a ampliação do campo de atuação dos médicos, de um lado, e a criação do Curso de Serviço Social, de outro, Natal passa a ter dois sistemas especialistas diretamente envolvidos na regulação do comportamento humano. Esse processo se consolida após a transformação que a cidade vivencia com a Segunda Guerra Mundial. Um espaço *psi* (sexualidade, valorização dos sentimentos, avaliação de crianças excepcionais) era delimitado, restando apenas institucionalizar-se esse saber.

A cultura psicológica criada na cidade espraia-se em diferentes esferas sociais: na educação, no direito, na assistência social e até mesmo no discurso religioso.

Considerações finais

A psicologia se estrutura no século XIX como um saber urbano, da mesma forma que a sociologia, da qual se diferencia por se pretender uma ciência natural. O desenvolvimento do saber psicológico assume características intimamente vinculadas às questões urbanas, no contexto da modernização das cidades ocidentais nos séculos XIX e XX. A cidade deve ser compreendida como um espaço de mediação entre o saber psicológico e o cotidiano das pessoas. Uma cultura psicológica somente é possível a partir de um processo de modernização urbana. O caso da cidade de Natal pode ser visto como um exemplo dessa íntima relação entre saber psicológico e cultura urbana.

A história da psicologia é também parte da história cultural e elemento importante da história das cidades modernas. Em Natal, a história da psicologia se enraíza em saberes como a educação, a medicina, o direito, o serviço social e o pensamento religioso. Somente é possível compreender essa pluralidade se entendermos o urbano como conceito definidor do contexto no qual a psicologia se desenvolve. Assim, a história da psicologia deve ser entendida como história da cidade e do enfrentamento de seus problemas modernos.

Referências

ALVES, M. *O serviço social*: contribuição valiosa na formação da personalidade. 1950. Trabalho de conclusão de curso (Serviço Social). Escola de Serviço Social, Natal.

ARAÚJO, M. *José Augusto Bezerra de Medeiros*: político e educador militante. Natal: EDUFRN, 1998.

BARBOSA, E. O pan-sexualismo de Freud. *A República*, 10 jul. 1928.

BARROS, E. *Uma escola suíça nos trópicos*. Natal: Offset, 2000.

BARROS, E. C. *Atheneu norte-rio-grandense*: práticas culturais e a formação de uma identidade (1892-1924). 2000. Tese (Doutorado em Educação). Pontifícia Universidade Católica de São Paulo, São Paulo.

BERMAN, M. *Tudo que é sólido desmancha no ar*: a aventura da modernidade. São Paulo: Companhia das Letras, 1986.

BROZEK, J.; MASSIMI, M. História da psicologia no Brasil. In: _____.; _____. (Org.). *Historiografia da psicologia moderna*: a versão brasileira. São Paulo: Unimarco & Loyola, 1998. p. 209-221.

BRUANT, C. Donalt Alfred Agache: urbanismo, uma sociologia aplicada. In: RIBEIRO, L.; PECHMAN, R. (Org.). *Cidade, povo e nação*: gênese do urbanismo moderno. Rio de Janeiro: Civilização Brasileira, 1996. p. 167-203.

CÂMARA, A. O ensino da puericultura nas escolas primárias. *A República*, p. 1, 26 maio 1928.

CAMPOS, S. *O problema médico-social do doente mental*. 1959. Trabalho de conclusão de curso (Serviço Social). Natal: Universidade Federal do Rio Grande do Norte.

CARRARA, S. *Tributo a Vênus*: a luta contra a sífilis no Brasil, da passagem do século aos anos 40. Rio de Janeiro: Fiocruz, 1996.

CASCUDO, C. Floriano Cavalcanti, sua evolução intelectual e filosófica. *Revista da Academia Norte-Rio-Grandense de Letras*, n. 3, p. 268-278, 1955.

_____. *História da cidade do Natal*. Natal: Instituto Histórico-Geográfico do Rio Grande do Norte, 1999.

CASTRICIANO, H. *Seleta de textos e poesias*. Natal: [s.n.], 1993.

CAVALCANTI, F. Antônio Marinho e o seu tempo (esboço bibliográfico e crítico). *Revista da Academia Norte-Rio-Grandense de Letras*, n. 3, p. 279-303, 1955.

_____. Sebastião Fernandes. *Revista da Academia Norte-Rio-Grandense de Letras*, n. 21, p. 2-15, 1972.

CHALHOUB, S.; PEREIRA, A. Apresentação. In: SIDNEY, C.; PEREIRA. A. (Org.). *A história contada*: capítulos de história social da literatura no Brasil. Rio de Janeiro: Nova Fronteira, 1998. p. 7-13.

CHAVES, M. *Esforço de ajuda moral e social à empregada doméstica*. 1965. Trabalho de conclusão de curso (Serviço Social). Universidade Federal do Rio Grande do Norte, Natal.

CICCO, J. *Notas de um médico de província* (crítica médico-social). Rio de Janeiro: Paulo Congetti, 1926.

CLEMENTINO, M. *Economia e urbanização*: o Rio Grande do Norte nos anos 70. Natal: UFRN-CCHLA, 1995.

DANTAS, C. A creança e a eugenia. *Revista do Centro Polimático do Rio Grande do Norte*, v. 1, p. 3-9, 1920.

ELIAS, N. (1939). *O processo civilizador*: uma história dos costumes. Rio de Janeiro: Jorge Zahar, 1994. v. 1.

ELLIOT, A. *Teoria psicanalítica*: uma introdução. São Paulo: Loyola, 1996.

FARIA FILHO, L. A instrução elementar no século XIX. In: LOPES, E. M. S. T.; VEIGA, C. G.; FARIA FILHO, L. M. de. (Org.). *500 anos de educação no Brasil*. 1 ed. Belo Horizonte: Autêntica, 2000. p. 35-53.

FEATHERSTONE, M. *O desmanche da cultura*: globalização, pós-modernismo e identidade. São Paulo: Nobel-Sesc, 1997.

FEITOSA, P. *Gizinha*. Natal: Fundação José Augusto, 1965.

FERNANDES, A. *Écran natalense*. Natal: Sebo Vermelho-Catalivros, 1992.

FERNANDES, L. *A imprensa periódica no Rio Grande do Norte*: De 1832 a 1908. Natal: Fundação José Augusto-Sebo Vermelho, 1998.

FERNANDES, S. *Estudos e applicações de sociologia criminal*. Natal: Empresa Tipographica Natalense, 1922.

FREUD, E.; MENG, H. *Cartas entre Freud & Pfister (1909-1939)*: um diálogo entre a psicanálise e a fé cristã. Viçosa: Ultimato, 1998.

FREYRE, G. *Casa grande & senzala*. Rio de Janeiro: Record, 2000.

GIDDENS, A. *As consequências da modernidade*. São Paulo: Fundação Editora da UNESP, 1991.

_____. *Modernidad y identidad de Yo*: el Yo y la sociedad en la época contemporánea. Barcelona: Península, 1997.

GUSMÃO, L. *O serviço social numa clínica pedagógica de menores excepcionais*. 1961. Trabalho de conclusão de curso (Serviço Social). Universidade Federal do Rio Grande do Norte, Natal.

HERSCHMANN, M.; PEREIRA, C. O imaginário moderno no Brasil. In: _____.; _____. (Org.). *A invenção do Brasil moderno*: medicina, educação e engenharia nos anos 20-30. Rio de Janeiro: Rocco, 1994. p. 9-42.

HILL, A. O médico pode aconselhar intercurso extraconjugal? Debates médicos sobre abstinência sexual na Alemanha, 1900. In: PORTER, R.; TEICH, M. (Org.). *Conhecimento sexual, ciência sexual*: a história das atitudes em relação à sexualidade. São Paulo: Unesp-Cambridge University Press, 1997.

JORNAL *O Futuro*. Manifesto, 1,1, 1896.

LASH, S. *Sociología del posmodernismo*. Buenos Aires: Amorrortu, 1997.

LEFEBVRE, H. *A vida cotidiana no mundo moderno*. São Paulo: Ática, 1991.

_____. *A cidade do capital*. Rio de Janeiro: DP&A, 1999.

LIMA, N. O grupo modelo. *A República*, p. 3, 2 out. 1911.

MARX, K.; ENGELS, F. *O manifesto comunista*. Rio de Janeiro: Paz e Terra, 1996.

MEDEIROS FILHO, J. *Erro essencial de pessoa*: moléstia grave e transmissível – causa de anulação de casamento. Rio de Janeiro: José Korkino, 1954.

MONARCHA, C. *Escola normal da praça*. Campinas: Editora da Unicamp, 1999.

MONTE, L. Palavras à mocidade. In: NAVARRO, J. (Org.). *Antologia do Padre Monte*. Natal: Fundação José Augusto, 1976. p. 13.

_____. (1976). Freud. In: Navarro, J. (Org.). *Antologia do Padre Monte*. Natal: Fundação José Augusto, p. 69.

_____. *Fundamentos biológicos da castidade*. 2 ed. Natal: Editora Universitária, 1985.

MONTE, N. *Os temperamentos*. Petrópolis: Vozes, 1968.

MONTEIRO, E. *Monografia de família*. Natal: Escola de Serviço Social, 1949.

NUNES, C. (Des)encantos da modernidade pedagógica. In: LOPES, E.; FARIA FILHO, L.; VEIGA, C. (Orgs.). *500 anos de educação no Brasil*. Belo Horizonte: Autêntica, 2000. p. 371-398.

OÁSIS. Primeiro de março. *Oásis*, v. 2, n. 8, p. 1, 1895.

OLIVEIRA, G. *A elite política e as transformações no espaço urbano*: Natal, 1889/1913. 1997. Dissertação (Mestrado em Ciências Sociais). Universidade Federal do Rio Grande do Norte, Natal.

_____. *De cidade a cidade*: o processo de modernização do Natal (1889-1913). Natal: EDUFRN, 2000.

OLIVEIRA, L. *Uma escola pioneira na formação do professor primário no Rio Grande do Norte*: reconstruindo sua memória. 1990. Dissertação (Mestrado em Educação). Universidade Federal do Rio Grande do Norte, Natal.

PAIVA, M. A Igreja dos anos 50: o movimento de Natal. In: ANDRADE, I. (Org.). *Igreja e política no RN*: momentos de uma trajetória. Natal: Z Comunicações-Sebo Vermelho, 2000. p. 15-40.

PEIXOTO JUNIOR, C. *Metamorfoses entre o sexual e o social*: uma leitura da teoria psicanalítica sobre a perversão. Rio de Janeiro: Civilização Brasileira, 1999.

PENNA, A. *História da psicologia no Rio de Janeiro*. Rio de Janeiro: Imago, 1992.

PEREIRA, N. Aspectos da cultura moderna. *A República*, p. 1, 16 fev. 1930.

PERESTRELLO, M. Primeiros encontros com a Psicanálise: os precursores no Brasil (1899-1937). In: FIGUEIRA, S. (Org.). *Efeito PSI*: a influência da Psicanálise. Rio de Janeiro: Campus, 1988. p. 151-181.

PETROVICH, E. *Sigmund Freud*: sua ciência e a sociedade atual. Natal: Centro de Estudos Clóvis Bevilácqua, 1958.

RICHARDS, G. *"Race", Racism and Psychology*: towards a reflexive history. London: Routledge, 1997.

ROSE, N. *Governing the soul*: the shaping of the private self. London: Free Association, 1999.

SANTOS LIMA, N. O grupo modelo. *A República*, p. 3, 2 out. 1911.

SANTOS, P. L. *O mito da fundação de Natal e a construção da cidade moderna segundo Manoel Dantas*. Natal: Cooperativa Cultural-Sebo Vermelho, 2000.

SCHWARCZ, L. Dos males da medida. *Revista de Psicologia USP*, n. 8, p. 33-45, 1997.

SEVCENKO, N. A capital irradiante: técnica, ritmos e ritos do Rio. In: _____. (Org.) *História da vida privada no Brasil*. São Paulo: Companhia das Letras, v. 3, 1998. p. 512-619.

_____. *Literatura como missão*: tensões sociais e criação cultural na Primeira República. São Paulo: Brasiliense, 1999.

SHORTER, E. *A history of psychiatry*: from the era of the asylum to the age of Prozac. New York: John Wiley & Sons, 1997.

SILVA, J. *Histórico da evolução da psiquiatria no Rio Grande do Norte*. Natal: Editora Universitária, 1989.

SOARES, J. *Fragmentos do passado*: uma (re)leitura do urbano em Natal na década de 20. 1999. Dissertação (Mestrado em Ciências Sociais). Universidade Federal do Rio Grande do Norte, Natal.

SOUZA, A. Três séculos: 25 de dezembro de 1597 - 25 de dezembro de 1897. *Revista do Rio Grande do Norte*, v. 1, n. 1, 1898.

SOUZA, I. *A República Velha no Rio Grande do Norte*. Brasília: Centro Gráfico do Senado Federal, 1989.

SUCAR, D. *Nas origens da psiquiatria social no Brasil*: um corte através da história da psiquiatria no Rio Grande do Norte. Natal: Clima, 1993.

PORTER, R.; TEICH, M. (Org.). *Conhecimento sexual, ciência sexual*: a história das atitudes em relação à sexualidade. São Paulo: Unesp-Cambridge University Press, 1997.

TEIXEIRA, C. *A Escola de Serviço Social de Natal em seu primeiro ano de vida*. 1947. Trabalho de conclusão de curso (Serviço Social). Escola de Serviço Social, São Paulo.

TOURAINE, A. *Crítica da modernidade*. Petrópolis: Vozes, 1998.

VIANNA, E. Testes mentaes. *A República*, p. 1, 10 set 1930a.

_____. Testes de escolaridade. *A República*, p. 1, 26 set. 1930b.

impressão acabamento

rua 1822 n° 341
04216-000 são paulo sp
T 55 11 3385 8500
F 55 11 2063 4275
www.loyola.com.br